FORMULAIRE

ANGLAIS.

PARIS, IMPRIMERIE DE BAUDOUIN,
Rue et hôtel Mignon, 2.

FORMULAIRE ANGLAIS,

CONTENANT LES FORMULES

DE LA PHARMACOPÉE DE LONDRES,

et un choix

DE FORMULES EXTRAITES DES PHARMACOLOGIES,

DE J. A. PARIS ET S. F. GRAY, D. M.

POUR LA PRÉPARATION DES MÉDICAMENS BREVETÉS

(PATENT MEDICINES.)

SUIVI D'UN RECUEIL

DE FORMULES DE NOUVEAUX MÉDICAMENS ET AUTRES PRÉPARA-
TIONS LE PLUS GÉNÉRALEMENT EMPLOYÉS EN FRANCE
ET A L'ÉTRANGER.

AVEC UN TARIF OU PRIX COURANT

des médicamens contenus dans cet ouvrage.

PAR D. N. PRODHOMME,

PHARMACIEN.

———

PARIS.

BÉCHET, LIBRAIRE DE LA FACULTÉ DE MÉDECINE,
PLACE DE L'ÉCOLE DE MÉDECINE, 4.

et au dépôt des médicamens anglais,
RUE LAFFITTE, 30.

1835.

ORDRE DE CHAPITRES.

CET OUVRAGE SE TROUVE AUSSI A

Alby, chez Challerol.
Amiens, chez veuve Darras.
Angers, chez Launay.
Angoulême, chez Perez.
Arras, chez Topin.
Auch, chez Brun.
Avignon, chez Reboul.
Besançon, chez Bintot.
Blois, chez Darnaud.
Bordeaux, chez Gayet.
Bourbon-Vendée, chez Robuchen.
Brest, chez Lefournier.
Caen, chez Auguste Lecrène.
Calais, chez Leroy.
Châlons-sur-Marne, chez Lambert.
Clermont-Ferrand, chez Berthier.
Dijon, chez Victor Lagur.
Draguignan, chez Lery.
Grenoble, chez Prud'homme.
Le Havre, chez Hue.
Larochelle, chez la veuve Dauvin.
Lille, chez Vanackère père et fils.
Lorient, chez Pelter.
Lyon, chez Babeuf.
Marseille, chez Camoin.
Melun, chez Thomas.
Metz, chez la veuve Devilly.
Montpellier, chez Castel.
Nancy, chez la veuve Reiners.
Nantes, chez Forest.
Nevers, chez Berthaut.
Orléans, chez Darnaud.

Perpignan, chez Lasserre.
Poitiers, chez Grimaud.
Rennes, chez Duchesne.
Rouen, chez Legrand.
Saumur, chez A. Degouy.
Strasbourg, chez Ferrier.
Toulon, chez Bellus.
Toulouse, chez Senac.
Tours, chez la veuve Petit.
Valence, chez Charvin.

Et à l'étranger :

Amsterdam, chez la veuve Gros et comp.
Bruxelles, chez Tircher.
Genève, chez Cherbulliez.
Saint-Pétersbourg, chez Belizard.
Moscou, chez la veuve Gauthier et fils.
Lisbonne, chez Martin frères.
Rome, chez Merle.

PRÉFACE.

« Les Savans anglais ont pris une part
« aussi glorieuse que ceux d'aucune autre
« nation à ces travaux de l'esprit , com-
« muns à tous les peuples civilisés. Ils ont
« affronté les glaces de l'un et l'autre pôle;
« ils n'ont laissé dans les deux océans
« aucun recoin qu'ils n'aient visité; ils ont
« décuplé le catalogue des règnes de la
« nature : le ciel a été peuplé par eux de

« planètes, de satellites, de phénomènes
« inouis : ils ont compté, pour ainsi dire,
« les étoiles de la voie lactée. Si la chimie
« a pris une place nouvelle, les faits qu'ils
« lui ont fournis ont essentiellement con-
« tribué à cette métamorphose. L'air in-
« flammable, l'air pur, l'air phlogistique
« leur sont dûs. Ils ont découvert la dé-
« composition de l'eau; des métaux nou-
« veaux et en grand nombre sont les pro-
« duits de leurs analyses. La nature des
« alcalis fixes n'a été démontrée que par
« eux ; la mécanique, à leur voix, a en-
« fanté des miracles, et placé leur pays
« au-dessus des autres, dans presque tous
« les genres (1) ». Tel est l'éloge que notre
immortel Cuvier fait des Savans anglais. Il
n'est donc plus possible d'ignorer ni de
nier les immenses services rendus par eux
à la science et au monde : rester étranger

(1) Eloge de sir Joseph Banks, par G. Cuvier.

à leurs découvertes, c'est vouloir rester stationnaire quand tout marche autour de nous.

Aussi, voyez avec quel empressement on étudie leurs ouvrages, comme on consulte leurs essais en tout genre : économie politique et sociale, administration et mécanique, navigation et commerce, ils ont poussé toutes les branches du savoir utile plus loin qu'aucun autre peuple. La réputation de leurs physiciens, chimistes, médecins, s'étend au loin dans les deux hémisphères, et les progrès qu'ils ont faits dans l'art de guérir doivent être et sont effectivement en proportion du succès qu'ils ont obtenu dans les autres sciences.

Comment se fait-il donc que la France, si avide de puiser au trésor des découvertes de nos voisins, ait, jusqu'à ce jour, négligé de connaître et d'étudier les observations des pharmaciens anglais.

La pharmacie tient, par la parenté la plus intime, à la chimie, à la physique, à la minéralogie, à l'histoire naturelle.

Il est donc impossible que la pharmacie n'ait pas suivi en Angleterre le mouvement rapide imprimé aux autres sciences. Cependant, malgré le grand nombre de formulaires publiés jusqu'à ce jour, il n'en est pas, que je sache, qui ait traité spécialement des formules anglaises.

Cette absence de publications sur une matière aussi importante et d'une utilité aussi générale, m'a semblé une lacune. C'est pour la remplir que je me hasarde à publier cet ouvrage, où l'on trouvera soigneusement décrites toutes les formules de la pharmacopée de Londres.

Maintenant, en France, les médecins

pourront ordonner et les pharmaciens préparer les médicamens qu'ordonnent et préparent nos voisins d'outre-mer, sans qu'il y ait à craindre les dangers d'un essai ou de l'inexpérience.

La douceur de notre climat, la pureté de notre ciel, le meilleur marché de notre vie, et peut-être plus que tout cela leur instinct voyageur, amènent chaque année à Paris et dans les provinces une foule innombrable d'Anglais qui y font de longs séjours ou qui s'y établissent à demeure ; il n'est province ni ville, ni village même qui ne compte parmi ses habitans une ou plusieurs familles anglaises.

Les relations devenant de plus en plus faciles entre les deux pays, nul doute que chaque paquebot ne nous amène de nouveaux insulaires.

En quittant leur patrie, ces familles

ne quittent pas leurs habitudes ; le trait qui les distingue et les caractérise est précisément de rester Anglais au milieu de nous, sans chercher à se rapprocher en quoi que ce soit de nos mœurs et de nos usages. Le *confortable* qu'ils aiment tant ne consiste pas à profiter des avantages qui se rencontrent dans le pays où ils se trouvent, mais bien à y introduire la manière de vivre du pays natal.

Je remarque ce fait non pour le blâmer ni l'approuver, mais pour le constater, et en conclure que, ne fût-ce qu'à cause de ces nombreuses familles anglaises dispersées dans tous les coins de la France, ce livre serait d'une utilité pratique et journalière, et qu'il est pour ainsi dire indispensable aux médecins et surtout aux pharmaciens français qui comptent des Anglais parmi leurs clients.

Il me reste à dire quelques mots sur

les sources où j'ai puisé mes formules, et sur la manière dont j'ai cru devoir les présenter.

J'ai conservé la classification adoptée par le docteur Thornton dans sa traduction de la pharmacopée de Londres. (1 vol. in-18, 1817.) Son expérience lui avait appris les propriétés et les doses de chaque médicament ; j'ai dû, sous ce rapport, ne m'écarter en rien de ses indications.

Mais je me suis abstenu d'entrer dans beaucoup de détails relatifs à la manipulation : l'habileté bien connue de nos pharmaciens abrège ma tâche et la rend plus facile.

Les Anglais ont la plus grande confiance dans ce qu'ils nomment *patent medicines*. J'ai dû ne pas omettre les formules pour la préparation de ces *médicamens patentés*.

Au moyen de ce recueil, le pharmacien saura de suite quels sont le nom, la composition et l'ingrédient principal de chaque médicament. J'ai extrait ces formules importantes de deux pharmacologies très-estimées (**J. A. Paris, 2 vol. in-8°, 1829**) et (**S. F. Gray, 1 vol. in-8°, 1831**). (1)

Ce livre étant destiné à lever toutes les difficultés possibles entre le pharmacien qui ne sait pas l'anglais et le docteur ou le client qui ne sait pas le français, j'ai ajouté pour chaque formule le nom latin aux noms qu'offrent les langues des deux pays, de sorte que l'un préparera sans peine, et que les autres seront sûrs de recevoir tous les médicamens dont

-----

(1) Ces deux ouvrages, qu'on se procure difficilement en France, et qui sont absolument nécessaires pour connaître les formules anglaises, coûtent à Londres 44 sch. (52 fr. 6 sous.)

on fait usage en Angleterre. Enfin, j'ai ajouté un supplément de diverses formules de nouveaux médicamens et autres préparations le plus généralement employés en France et à l'étranger. Les deux tables qui terminent cet ouvrage contiennent, l'une les noms anglais et français, et l'autre les noms latins. On pourra donc facilement trouver la formule demandée.

Ainsi, les élèves s'habitueront bientôt à comprendre et même à prononcer les mots anglais du formulaire qu'on prononcera souvent devant eux, et ils apprendront d'une manière précise la composition des formules généralement trop ignorées dans nos pharmacies. Faire connaître le nom, la composition, la préparation, la dose, la propriété et le prix (1) des médicamens anglais, tel est

(1) On trouvera à la fin de l'ouvrage le prix courant de chaque médicament.

le but que je me suis proposé. J'espère que la médecine pourra tirer quelque avantage de la connaissance de ces formules. Cette espérance m'a encouragé dans un travail fait en conscience, et me payera largement de mes peines, si elle se réalise.

La science élève depuis des siècles, avec des précautions infinies, un temple dédié *à l'art de guérir*. Pélerin obscur, je viens appendre mon humble offrande aux poudreuses colonnades de ce temple magnifique.

POIDS ET MESURES FRANÇAIS.

℔	livre	16	onces	9216	grains	500 grammes.
℔ ß	demi-livre	8	onces	4608	grains	250 grammes.
℥	once	8	gros	576	——	32 ——
℥ ß	once	4	——	288	——	16 ——
ʒ	gros	3	scrupules	72	——	4 ——
ʒ ß	gros			36	——	2 ——
℈	scrupule			24	——	1/2 ——
Litre	——	℔ ij	——	18432	grains	1000 ——

NOTA. Les poids et mesures ci-dessus désignés doivent être employés pour les préparations qui se trouvent au supplément du formulaire, page 271.

DIVISION DES POIDS ET MESURÉS ANGLAIS.

POIDS.

La livre . . .	℔	——— 12 onces	———	℥
Once	℥	——— 8 drachmes (gros)	———	℥ viij.
Drachme (gros)	ʒ	— ——— 3. scrupules	———	℈ iij.
Scrupule	℈	——— 20 grains	———	gr. xx.

MESURES.

Gallon (congius)	——— 8 pintes	———	4 litres.
Pinte (octorius O)	——— 16 onces	———	℔ j.
Once	——— 8 gros	———	℥ .
Gros	——— 60 minims		

Nota. La pinte anglaise pèse 16 onces; ainsi, dans toutes les formules où

FORMULAIRE

ANGLAIS.

<hr>

ACIDS. — ACIDA.

ACETIC ACID.
ACIDE ACÉTIQUE.
Acidum aceticum.

℞ Vinaigre. . . . . 4 litres.
Distillez au bain de sable dans une cornue de verre, et jetez la 1ʳᵉ pinte pour en
conserver 6 pintes.

BENZOIC ACID.
ACIDE BENZOÏQUE.
Acidum benzoicum.

℞ Benjoin. . . . . ℔ j ß
Chaux vive. . . . . $\tilde{3}$ iv.
Eau. . . . . 6 litres.
Acide muriatique. . . . . . $\tilde{3}$ iv.
Faites selon l'art.
L'acide benzoïque est expectorant, anti-
spasmodique, employé pour la toux,
l'asthme, etc.

1

CITRIC ACID.

ACIDE CITRIQUE.

Acidum citricum.

℞ Suc de citrons. . . . . 1 pinte.
   Craie préparée q. s. pour sa-
     turer l'acide.
   Acide sulfurique affaibli. . . ℨ ix.
      Obtenez selon l'art.

L'acide citrique est rafraîchissant, anti-
septique , etc.
     Syn. succ. limon. crystal.
     Dose gr. X à ℈ I.

MURIATIC ACID.

ACIDE MURIATIQUE.

Acidum muriaticum.

℞ Sel marin (mur. de soude) ℔ ij.
   Acide sulfurique. . . . . . ℨ xx.
   Eau distillée. . . . . 1 pinte 1/2
     Obtenez selon l'art.

Cet acide est anti-septique et tonique.

Dose de g^ttes X à ℨ ß dans un liquide
approprié.

NITRIC ACID.

ACIDE NITRIQUE.

Acidum nitricum.

♃ Nitrate de potasse. . . . . ⎱ $\bar{a}\bar{a}$ ℔ ij.
Acide sulfurique. . . . . ⎰

Obtenez selon l'art.

Syn. Aqua fortis duplex.
(Eau-forte.)

DILUTED NITRIC ACID.

ACIDE NITRIQUE AFFAIBLI.

Acidum nitricum dilutum.

♃ Acide nitrique. . . . . ℥ i.
Eau distillée. . . . . ℥ ix.
Mêlez s. l. a.

Syn. Aqua fortis simplex.
Anti-septique, anti-syphilitique.

Dose g^{ttes} X à ℨ ß dans un véhicule approprié.

DILUTED SULPHURIC ACID.

ACIDE SULFURIQUE AFFAIBLI.

Acidum sulphuricum dilutum.

♃ Acide sulfurique. . . . . ℥ i ß
   Eau distillée. . . . . ℨ xiv ß
Ajoutez l'acide à l'eau graduellement,
et mêlez s. l. a.
Tonique, anti-septique, astringent.
Dose g^{ttes} X à g^{ttes} XXX.

NITRO-MURIATIC ACID.

ACIDE NITRO-MURIATIQUE,

OU HYDRO-CHLORO-NITRIQUE.

Acidum hydro-chloro-nitricum.

♃ Acide nitrique. . . . . ℨ j.
   Acide hydro-chlorique. . . . ℥ iij.

Mêlez selon l'art.

Cet acide est employé pour dissoudre
l'or, et est connu sous le nom d'*eau régale.*

ALKALIES

AND THEIR SALTS.

ALCALIS ET LEURS SELS.

Alkalia et eorum sales.

SUBCARBONATE OF AMMONIA.

SOUS-CARBONATE D'AMMONIAQUE OU SEL VOLATIL.

Subcarbonas ammoniæ.

℞ Muriate d'ammoniaque. . . . ℔ j.

Chaux préparée et séchée . . ℔ j ß

Réduisez séparément en poudre, alors mêlez et sublimez à une douce chaleur jusqu'à ce que la cornue soit rouge.

Syn. Ammonia pp. sal volatil.
Stimulant, anti-spasmodique.

Dose de gr. V à gr. XVIII.

1.

LIQUOR OF AMMONIA.

LIQUEUR D'AMMONIAQUE.

Liquor ammoniæ.

℞ Muriate d'ammoniaque . . . . ℔ ß .

Chaux vive. . . . . ℥ vj.

Eau. . . . . 4 pintes.

Obtenez selon l'art.

Syn. Aqua ammoniæ pura.

Employée à l'intérieur et à l'extérieur comme rubéfiant.

Dose VI gttes à XV gouttes.

LIQUOR OF ACETATE OF AMMONIA.

LIQUEUR D'ACÉTATE D'AMMONIAQUE

(OU ESPRIT DE MENDÉRÉRUS).

Liquor ammoniæ acetatis.

℞ Sous-carb. d'ammoniaque. . ℥ ij.

Acide acétique . . . . 4 pintes.

Faites dissoudre le sous-carb. dans l'acide , et faites selon l'art.

Syn. Aqua ammoniæ acetatis.

Dose ℨ III , à ℨ VI.

LIQUOR OF SUBCARBONATE OF AMMONIA.

LIQUEUR DE SOUS-CARB. D'AMMONIAQUE.

Liquor subcarbonatis ammoniæ.

℞ Sous-carb. d'ammoniaque. . ℥ iv.

Eau distillée. . . . . 1 pinte.
Faites dissoudre le sous-carb. dans l'eau et filtrez.

Syn. Aqua ammoniæ subcarbonatis.
Stimulant, anti-spasmodique et diaphorétique.

Dose ℈ ß à ʒ ß .

LIQUOR OF POTASS.

LIQUEUR DE POTASSE.

Liquor potassæ.

℞ Sous-carb. de potasse. . . . ℔ j.
Chaux vive. . . . . ℔ ß
Eau distillée bouillante. . . 4 litres.
Faites selon l'art.

Syn. Aqua kali pura.
Lithontriptique, diurétique.
Dose VIII gttes à ʒ ß .

LIQUOR OF SUBCARBONATE OF POTASS.

LIQUEUR DE SOUS-CARBONATE DE POTASSE.

Liquor subcarbonatis potassæ.

℞ Sous-carbonate de potasse. . ℔ j.
Eau distillée. . . . . ℥ xij.

Dissolvez le sous-carbonaté de potasse dans l'eau et filtrez.

Syn. Aqua kali pura.
Lithontriptique, diurétique, antacide.
Dose ʒ ß à ʒ j.

POTASS WITH LIME.

POTASSE AVEC LA CHAUX.

Potassa cum calce.

℞ Liqueur de potasse. . . . . 3 pintes.
Chaux vive. . . . . ℔ j.

Faites bouillir la liqueur de potasse et ajoutez alors la chaux dissoute dans l'eau, et mêlez soigneusement.

Syn. Calx cum kali puro.
Caustique employé à l'extérieur.

FUSED POTASS.

POTASSE FONDUE OU CAUSTIQUE.

PIERRE A CAUTÈRE.

Potassa fusa.

℞ Liqueur de potasse. . . . . . 4 litres.

Faites évaporer dans un vase de fer jusqu'à ce que la liqueur ait acquis une consistance épaisse, versez ensuite sur une plaque de fer.

Syn. Kali purum.

Caustique employé à l'extérieur.

ACETATE OF POTASS.

ACÉTATE DE POTASSE.

Acetas potassæ.

℞ Sous-carbonate de potasse. . ℔ j ß
Acide acétique.. . . . . 4 litres.

Faites selon l'art.

Syn. Kali acetatum. sal. diuretic.
Diurétique, désobstruant.

Dose gr. XV à ʒ ß.

CARBONATE OF POTASS.

CARBONATE DE POTASSE.

Carbonas potassæ.

℞ Sous-carbonate de potasse. . ℔ j.

Sous-carb. d'ammoniaque. . ℥ iij.

Eau distillée. . . . . 1 pinte.

Faites selon l'art.

Dose gr. XII à ℈ ß .

SUBCARBONATE OF POTASS.

SOUS-CARBONATE DE POTASSE.

Subcarbonas potassæ.

℞ Tartre brut pulvérisé. . ℔ iij.

Eau bouillante. . . . . . ℈ pintes 1/2.

Dissolvez le tartre et filtrez , faites évaporer à une douce chaleur en remuant la liqueur avec une spatule , jusqu'à consistance convenable.

Syn. Kali pp. sal tartar, sal absinth.

Dose gr. XII à ℈ ß .

SULPHATE OF POTASS.

SULFATE DE POTASSE.

Sulphas potassæ.

℞ Le résidu de la distillation de l'acide
nitrique.. . . . . ℔ ij.

Eau bouillante.. . . . . 8 litres.

Mêlez-les jusqu'à ce que le sel soit dissous, ajoutez du sous-carbonate de potasse
pour saturer l'acide, filtrez et faites évaporer et cristaliser selon l'art.

Syn. Kali vitriola.

Dose ℈ ß . à ℈ iij.

SUPER SULPHATE OF POTASS.

SUR.-SULFATE DE POTASSE.

Super sulphas potassæ.

℞ Résidu de la distillation de l'acide nitrique. . . . . ℔ ij.

Eau bouillante. . . . . . . 4 pintes.

Faites dissoudre, filtrez, évaporez et
faites cristalliser selon l'art.

Rafraîchissant, cathartique.

Dose ʒ i à ʒ ij.

TARTRATE OF POTASS.

TARTRATE DE POTASSE.

Tartras potassæ.

℞ Sous-carbonate de potasse.. ℔ j.
  Crême de tartre....... ℔ iij.
  Eau bouillante .... 4 litres.

Dissolvez le sous-carbonate de potasse dans l'eau, et ajoutez la crême de tartre pulvérisée; filtrez, évaporez en consistance convenuble, et faites cristalliser.

Cathartique.

Syn. Kali tartarizatum.

Dose ℨ ij à ℨ vj.

TARTARISED SODA.

TARTRATE DE SOUDE.

Tartras sodæ.

℞ Sous-carbonate de soude.. . ℥ xx.
  Crême de tartre pulvérisée.. ℔ ij.
  Eau bouillante......... 10 pintes

Faites selon l'art.

Syn. Natrum tartarizatum. Sal rupellens.

Cathartique.

Dose ℨ II à ℨ VI.

CARBONATE OF SODA.

CARBONATE DE SOUDE.

Carbonas sodæ.

24 Sous-carbonate de soude.. . ℔ j.
Sous-carb. d'ammoniaque. . ʒ iij.
Eau distillée.. . . . . 1 pinte.
Ant-Acide , désobstruant.

Faites selon l'art.

Dose gr. X à ʒj.

SUBCARBONATE OF SODA.

SOUS-CARBONATE DE SOUDE.

Subcarbonas sodæ.

24 Soude du commerce.. . . . . ℔ j.
Eau distillée bouillante. . . 4 pintes.

Faites bouillir selon l'art , filtrez et faites cristalliser.

Ant-Acide, diurétique, lithontriptique.
Syn. Natron pp. sal soda.
Dose gr. VIII à ʒ ß .

2

DRIED SUBCARBONATE OF SODA.

SOUS-CARBONATE DE SOUDE SÉCHÉ.

Sub carbonas sodæ exsiccata.

℞ Sous-carbonate de soude... ℔ j.

Calcinez dans un vase de fer en remuant constamment jusqu'à ce que l'eau de cristallisation soit évaporée.

Syn. Natrum calcinatum.

Employé dans les maladies scrofuleuses.

Dose gr. V à Ə I.

SULPHATE OF SODA.

SULFATE DE SOUDE.

Sulphas sodæ.

℞ Prenez le sel qui reste après la distillation de l'acide muriatique. ℔ ij.

Eau bouillante . . . . . . 2 pintes 1/2

Dissolvez le sel dans l'eau et ajoutez sous-carbonate de soude q. s. pour saturer l'excès d'acide, filtrez et faites cristalliser.

Syn. Natron vitriol. Sal glauberi.
Cathartique.

Dose ʒ II à ℥ I ß.

MURIATE OF LIME.

MURIATE DE CHAUX.

Murias calcis.

℞ Prenez le sel qui reste après la distillation du sous-carbonate d'ammoniaque . . . . ℔ ĳ.

Eau. . . . . 1 pinte.

Mêlez , filtrez et faites évaporer la liqueur jusqu'à siccité, et conservez-le
dans un vase bien bouché.

LIME.

CHAUX.

Calx.

℞ Chaux (carbonatée). . . . . . ℔ j.

Calcinez dans un creuset jusqu'à ce que
l'acide carbonique soit dégagé.

Syn. Calx viva.

PREPARED CHALK.

CRAIE PRÉPARÉE.

Creta preparata.

♃ Craie . . . . ℔ j.

Ajoutez un peu d'eau et mêlez, mettez dans un vase plein d'eau et remuez, décantez dans un autre vaisseau jusqu'à ce qu'on ait obtenu une poudre impalpable, et trochisquez selon l'art.

Propriété absorbante.

Dose de Əj a ʒ iß.

COMPOUND LIQUOR OF ALUM.

LIQUEUR D'ALUN COMPOSÉE.

Liquor aluminis compositus.

♃ Sulfate de zinc et alun. . aā ʒ ß

Eau bouillante. . . . . . 2 pintes.

Dissolvez ensemble dans l'eau et filtrez.

Syn. Aqua aluminis composita.

Employée à l'extérieur comme astringente et détergente, et en injection contre les écoulemens.

2.

EARTHS

AND THEIR SALTS.

TERRES ET LEURS SELS.

Terræ et eorum sales.

DRIED ALUM.

ALUN CALCINÉ.

Alumen exsiccatum.

♃ Alun. . . . . q. s.

Calcinez selon l'art.

Employé à l'extérieur comme escarrothique.

Syn. Alumen ustum.

LIQUOR OF LIME.

LIQUEUR DE CHAUX.

Liquor calcis.

℞ Chaux. . . . . ℔ ß

Eau distillée bouillante. . 12 pintes.

Faites selon l'art.

Syn. Aqua calcis.

Astringente, anthelmintique extérieurement, détergente, etc.

LIQUOR OF MURIATE OF LIME.

LIQUEUR DE MURIATE DE CHAUX.

Liquor muriatis calcis.

℞ Muriate de chaux. . . . . . ℥ ij.

Eau distillée. . . . . ℥ iij.

Dissolvez le muriate de chaux dans l'eau et filtrez.

MAGNESIA.

MAGNÉSIE CALCINÉE.

Magnesia calcinata.

℞ Carb. de magnésie. . . . . . . $\mathfrak{Z}$ iv.

Calcinez pendant deux heures dans un creuset couvert jusqu'à moitié de la dose employée.

Ant-Acide , cathartique.

Syn. Magnesia calcinata.

Dose Ɔj à Ʒ i.

CARBONATE OF MAGNESIA.

CARBONATE DE MAGNÉSIE.

Carbonas magnesiæ.

℞ Sulfate de magnésie. . . . . . ℔ j.
Sous-carbonate de potasse... $\mathfrak{Z}$ ix.
Eau. . . . . 12 litres.

Faites selon l'art.

Syn. Magnesia alba.

METALS

AND THEIR SALTS.

MÉTAUX ET LEURS SELS.

Metalla et eorum salos.

OXIDE OF ANTIMONY.

OXIDE D'ANTIMOINE.

Oxidum antimonii.

℞ Tartrate d'antimoine. . . . . ℥ j.
Sous-carb. d'ammoniaque. . ℨ ij.
Eau distillée.. . . . . q. s.

Faites selon l'art.

Syn. Antim. diaphoret. antim. vitrificat. calx antimonii bezoar. minerale.

Propriété diaphorétique.

Dose gr. II à gr. XV.

PRECIPITATED SULPHURET OF ANTIMONY.

SULFURE D'ANTIMOINE PRÉCIPITÉ

(OU SOUFRE DORÉ D'ANTIMOINE).

Sulphuretum antimonii præcipitatum.

24 Sulfure d'antim. en poudre.. ℔ ij.
    Liqueur de potasse.. . . . . . 4 pintes.
    Eau distillée.. . . . . 3 pintes.

Faites selon l'art.

Altératif, diaphorétique.
Syn. Sulphur. antimonii præcipitatum.

Dose gr. I à gr. V.

TARTARISED ANTIMONY.

ANTIMOINE TARTARISÉ (ÉMÉTIQUE).

Antimonium tartarizatum.

24 Sulfure d'antim. pulvérisé.. ℥ ij.
    Nitrate de potasse. . . . . . ℥ j.
    Sur-tartrate de potasse.. . . ℥ ij.
    Acide sulfurique . . . . . . ℥ ij.
    Eau distillée. . . . . 1 pinte. 1/2.

Faites selon l'art.

Dose gr. I à gr. III.

LIQUOR OF TARTARISED ANTIMONY.

LIQUEUR D'ANTIMOINE TARTARISÉ.

LIQUEUR D'ÉMÉTIQUE (Vin d'émétique.)

Liquor antimonii tartarizati.

℞ Antimoine tartarisé. . . . . ℈j.

 Eau distillée bouillante. . . ℥iv.

 Vin. . . . . ℥vj.

Faites dissoudre l'émétique dans l'eau distillée et ajoutez le vin.

Syn. Vinum antimonii tartarizati.

Diaphorétique, expectorant.

Dose gttes V à XX gttes.

ANTIMONIAL POWDER.

POUDRE ANTIMONIALE.

Pulvis antimonialis.

℞ Sulfure d'antim. en poudre.. ℔j.

 Copeaux de corne de cerf. . ℔ij.

Calcinez selon l'art.

Diaphorétique, altératif.

Dose gr. III. à gr. XII.

PREPARATION OF SILVER.

PRÉPARATION D'ARGENT.

Præparatum ex argento.

—

NITRATE OF SILVER.

NITRATE D'ARGENT.

Nitras argenti.

℞ Argent . . . . $\mathfrak{Z}$ j.
Acide nitrique. . . . . $\mathfrak{Z}$ j.
Eau distillée. . . . . $\mathfrak{Z}$ ij.

Faites un nitrate d'argent que vous ferez fondre et que vous coulerez dans une lingotière.

Syn. Argentum nitratum.
Pierre infernale.

PREPARATIONS OF ARSENIC.

PRÉPARATIONS D'ARSENIC.

Præparata ex arsenico.

℞ Oxide d'arsenic en poudre, faites-le sublimer dans un creuset recouvert d'un autre.

Syn. Arsenicum album.

FOWLERS'S MINERAL SOLUTION ARSENICAL LIQUOR.

LIQUEUR ARSENICALE.

SOLUTION MINÉRALE DE FOWLERS.

Liquor arsenicalis.

℞ Oxide d'arsenic sublimé. ⎱ a~a 64 gr.
Sous-carb. de potasse. . ⎰

Eau distillée. . . . . 1 pinte.

Faites selon l'art, et ajoutez esprit de lavande composé, ℥ ß .

Dose g^ttes II à X g^ttes.

PREPARATIONS OF COPPER.

PRÉPARATIONS DE CUIVRE.

Præparata e cupro.

AMMONIATED COPPER.

CUIVRE AMMONIACAL.

Cuprum ammoniatum.

℞ Sulfate de cuivre. . . . . . ℥ ß
Sous-carb. d'ammoniaque. . 3 vj.

Triturez ensemble dans un mortier de verre , jusqu'à ce qu'il n'y ait plus d'effervescence , alors mettez dans un. papier brouillard , faites sécher à une douce chaleur, et conservez pour l'usage.

Anti-spasmodique donné dans l'épilepsie.

Dose 1/4 de grain à gr. II , augmentée graduellement.

LIQUOR OF AMMONIATED COPPER.

LIQUEUR DE CUIVRE AMMONIACAL.

Liquor cupri ammoniata.

℞ Ammoniure de cuivre. . . . ℥ j.
Eau distillée.. . . . . 1 pinte.
Mêlez selon l'art et filtrez.
A l'extérieur détergent.

PREPARATIONS OF IRON.

PRÉPARATIONS DE FER.

Præparata e ferro.

—

AMMONIATED IRON.

AMMONIURE DE FER, OU FER AMMONIACAL.

Ferrum ammoniatum.

℞ Sous-carb. de fer et muriate d'ammo-
niaque.. . . . . aa ℔ j.
Mêlez ensemble, exposez à un feu ar-
dent pour sublimer, et faites une poudre.
Syn. Ferrum ammoniacale. Flores
martiales.
Tonique, emménagogue.
Dose gr. V à gr. XV.

SUBCARBONATE OF IRON.
SOUS-CARBONATE DE FER.
Subcarbonas ferri.

℞ Sulfate de fer. . . . . ℔ ß .
Sous-carbonate de soude. . . ℨ vj.
Eau bouillante.. . . . . 4 litres.

Faites dissoudre séparément , alors mêlez les liqueurs ensemble , décantez, lavez à l'eau chaude et faites sécher à une douce chaleur.

Tonique, emménagogue , désobstruant.

Syn. Rubigo ferri chalybs pp. ferrum
præcipitatum.
Dose gr. III. à gr. X.

SULPHATE OF IRON.
SULFATE DE FER, FER VITRIOLIQUE.
SEL DE MARS.
Sulphas ferri.

℞ Limaille de fer. . . . . }
Acide sulfurique. . . . } aā ℨ viij.
Eau. . . . . 4 pintes.

Mêlez l'acide sulfurique avec l'eau , ajoutez la limaille , agitez et filtrez, faites évaporer jusqu'à cristallisation.

Tonique.
Syn. Ferri vitriolat. Sal martis.
Dose gr. II. à VI gr.

TARTARISED IRON.

TARTRATE DE FER.

Ferrum tartarizatum.

℞ Fer en limaille.. . . . . ℔ j.
Tartrate acide de potasse.. . ℔ ij.
Eau. . . . . - 1 pinte.

Faites selon l'art.

Astringent, tonique.
Dose gr. V à ℈I.

LIQUOR OF ALKALINE IRON.

LIQUEUR DE FER ALCALINE.

Liquor ferri alcalini.

℞ Fer en limaille. . . . . ℥ ij ß
Acide nitrique.. . . . . ℥ ij.
Eau distillée.. . . . . ℥ vj.
Liq. de sous-carb. de potasse. ℥ vj.

Mélez selon l'art.

Tonique, emménagogue.
Dose ℈I à ℥ ß.

TINCTURE OF AMMONIATED IRON.

TEINTURE DE FER AMMONIACAL.

TEINTURE MARTIALE.

Tinctura ferri ammoniati.

℞ Fer ammoniacal. . . . . . . $\tilde{3}$ iv.
Esprit de vin. . . . . 1 pinte.
Faites dissoudre et filtrez.
Tonique, emménagogue, astringente.
Syn. Tinctura ferri ammonicalis.
Dose g^{ttes} X à ℈ I.

TINCTURE OF MURIATE OF IRON.

TEINTURE DE MURIATE DE FER.

Tinctura ferri muriatis.

℞ Sous-carbonate de fer. . . . ℔ ß .
Acide muriatique. . . . . . 1 pinte.
Esprit de vin. . . . . 3 pintes.

Faites selon l'art.

Syn. Tinct. ferri muriatici tinct. martis
in sp. salis.

Tonique, désobstruante.

Dose g^{ttes} X à ʒ ß .

WINE OF IRON.
VIN CHALIBÉ OU DE FER.
Vinum ferri.

℞ Limaille de fer . . . . ℥ ij.
Vin. . . . . 2 pintes.

Laissez macérer pendant un mois et filtrez.
Syn. Vinum ferri.
Vinum chalybatum.
Tonique, astringent.

Dose gttes XX à ℥ ß graduellement.

PRÉPARATIONS OF QUICKSILVER.
PRÉPARATIONS DE MERCURE.
Præparata ex hydrargyro.

NITRIC OXIDE OF MERCURY.
OXIDE ROUGE DE MERCURE.
Oxidum nitrici hydrargyri.

℞ Mercure. . . . . ℔ iij.
Acide nitrique. . . . . ℔ j ß
Eau distillée. . . . . 2 pintes.

Mêlez pour former un nitrate de mer
cure cristallisé, chauffez dans un vase
convenable pour obtenir un oxide rouge
de mercure.

Syn. Hydrarg. nitrat. ruber, mercurio
precipit. ruber.
Escarrotique, détergent.

3.

GRAY OXIDE OF MERCURY.
OXIDE DE MERCURE GRIS.
Oxidum cincreum hydrargyri.

℞ Sous-muriate de mercure . . $\tilde{3}$ j.

Eau de chaux. . . . . 4 litres.

Faites bouillir le sous-muriate dans l'eau de chaux jusqu'à ce que l'oxide de mercure se précipite , lavez avec de l'eau distillée et faites sécher.

Anti-syphilitique.

Syn. Pulvis hydrargyri cinereus.

Dose gr. I à II grains.

RED OXIDE OF MERCURY.
OXIDE ROUGE DE MERCURE.
PRÉCIPITÉ PERSÉ.
Oxidum rubrum hydrargyri.

℞ Mercure pur . . . . ℔ j.

Introduisez dans 'un vase large et à ouverture étroite , chauffez jusqu'à ce qu'on ait obtenu une masse rougeâtre qu'on pulvérise ensuite.

Syn. hydrarg. calcinat. mercurius calcinatus.

Dose 1/4 grain à gr. II.

OXYMURIATE OF MERCURY.
SUBLIMÉ CORROSIF.
DEUTO-CHLORURE DE MERCURE.
Oximurias hydrargyri.

♃ Mercure.. . . . . ℔ ij.

Acide sulfurique . . . . . ℥ xxx.

Muriate de soude séché.. . ℥ iv.

Faites selon l'art un sulfate de mercure que vous mêlerez avec le muriate de soude, et que vous sublimerez pour obtenir le deuto-chlorure de mercure.

Anti-syphilitique.

Syn. Oximurias hyd. Sublimat. corr.

Dose gr. I pour 4 onces d'eau distillée.

SUBMURIATE OF MERCURY.
SOUS-MURIATE DE MERCURE.
CALOMÉLAS.
Submurias hydrargyri.

♃ Oximuriate de mercure (sublimé corrosif).. . . . . ℔ j.

Vif-argent.. . . . . ℥ ix.

Triturez ensemble et sublimez, lavez la poudre à plusieurs reprises.

Altératif, cathartique.

Syn. Calomelas. Mercurius dulcis.

Dose I gr. à II. Pour purger gr. V.

BLACK SULPHURET OF MERCURY.

SULFURE DE MERCURE NOIR.

Sulphuretum hydrargyri nigrum.

♃ Mercure pur.. . . . . .
Soufre sublimé. . . . . } aā ℔ j.

Triturez ensemble jusqu'à ce que les globules de mercure soient entièrement disparus. Altératif.

Syn. Hydrarg. cum sulphure, æthiops mineral.

Dose gr. V à Э j.

RED SULPHURET OF MERCURY.

SULFURE ROUGE DE MERCURE (CINNABRE).

Sulphuretum rubrum hydrargyri.

♃ Mercure pur.. . . . . ℥ 40

Soufre sublimé . . . . ℔ ß

Faites selon l'art.

Syn. Cinnabre, vermillio.

Dose gr. V Э j.

QUICKSILVER WITH CHALK.

MERCURE CRAYEUX.

Hydrargyrum cum creta.

℞ Mercure. . . . . ℥ iij.

Craie préparée . . . . ℥ v.

Triturez ensemble jusqu'à ce que le mercure soit éteint.

Altératif, anti-syphilitique.

Syn. Mercurius alkalisat.

Dose gr. X à ℈ I.

WHITE PRECIPITATED QUICKSILVER.

PRÉCIPITÉ BLANC DE MERCURE.

Hydrargyrum præcipitatum album.

℞ Oximuriate de merc. subl. . . ℔ ℥

Muriate d'ammoniaque. . . . ℥ iv.

Liq. de sous-carb. de potasse. 1/2 pinte.

Eau distillée.. . . . . 4 pintes.

Faites selon l'art.

Syn. Calx hydrargyrum.

Extérieurement détergent.

PURIFIED QUICKSILVER.

MERCURE PURIFIÉ.

Hydrargyrum purificatum.

℞ Vif-argent.. . . . . ℔ vj.

Limaille de fer.. . . . . ℔ j.

Triturez ensemble et distillez le mercure dans une cornue de fer.

Syn. Mercurius purificat. Argentum vivum purificatum.

Le mercure ainsi purifié entre dans la composition des *blue pills*, de l'onguent napolitain, etc.

LIQUOR OF OXIMURIATE OF MERCURY.

LIQUEUR D'OXIMURIATE DE MERCURE.

Liquor oximuriatis hydrargyri.

℞ Oximuriate de mercure. . . gr. viij.

Eau distillée. . . . . ℔ j.

Esprit de vin rectifié . . . . ʒ j.

Faites selon l'art.

Syn. Liquor Vans-Wieten.

PREPARATIONS OF LEAD.

PRÉPARATIONS DE PLOMB.

Præparata e plumbo.

—

LIQUOR OF SUBACETATE OF LEAD.

LIQUEUR DE SOUS-ACÉTATE DE PLOMB.

EXTRAIT DE SATURNE.

Liquor subacetatis plumbi.

℞ Litharge pulvérisée. . . . . . ℔ ij.
Acide acétique . . . . 4 litres.
Mêlez et faites selon l'art.

DILUTED LIQUOR OF SUBACETATE OF LEAD.

LIQUEUR DE SOUS-ACÉTATE DE PLOMB ÉTENDUE D'EAU.

(EAU DE GOULARD.)

Liquor subacetatis plumbi dilutus.

℞ Liq. de sous-acét. de plomb. ℥j.
Eau distillée. . . . . 1 pinte.
Esprit de vin. . . . . ℥j.

Mêlez selon l'art.

SUPER ACETATE OF LEAD.

SUR-ACETATE DE PLOMB CRISTALLISÉ.

Super acetas plumbi.

℞ Carbonate de plomb. . . . . ℔ j.
Acide acétique. . . . . 6 litres.
Faites selon l'art.
Syn. Saccharum saturni.

PREPARATIONS OF ZINC.

PRÉPARATIONS DE ZINC.

Præparata e zinco.

PREPARED CALAMINE.

CALAMINE PRÉPARÉE.

PIERRE CALAMINE.

(Carbonate de zinc.)

Calamina præparata.

Calcinez la calamine, réduisez-la en
poudre fine.

Syn. Lapis calamina.
Extérieurement astringente.

OXIDE OF ZINC.

OXIDE DE ZINC.

Oxydum zinci.

♃ Zinc. . . . . q. s.

Calcinez selon l'art dans un creuset.

Syn. Zincum calcinatum.

Tonique, anti-spasmodique.

Dose gr. I à gr. III.

SULPHATE OF ZINC.

SULFATE DE ZINC.

Sulfas zinci.

♃ Zinc en grenaille . . . . $\mathrecipe{3}$ iij.
Acide sulfurique . . . . $\mathrecipe{3}$ v.
Eau. . . . . 4 pintes.

Faites selon l'art.

Syn. Vitriolatum album.

Emétique, astringent en injection;
15 grains dans 4 onces d'eau distillée.

4

PREPARATIONS OF SULPHUR.
PRÉPARATIONS DE SOUFRE.
Sulphurea.

SULPHURATED OIL.
HUILE DE SOUFRE.
BAUME DE SOUFRE.
Oleum sulphuretum.

♃ Soufre lavé. . . . . ℥ ij.

Huile d'olives. . . . . 1 pinte.

Faites selon l'art.

Syn. Oleum sulphuretum.

Dose gr. X à gr. XX.

SULPHURET OF POTASS.
SULFURE DE POTASSE.
Sulphuretum potassæ.

♃ Soufre lavé. . . . . ℥ j.

Sous-carb. de potasse . . . . ℥ ij.

Triturez et mêlez selon l'art ; faites fondre dans un creuset fermé.

Syn. Kali sulfuretum, hepar sulfuris.

Diaphorétique.

Dose gr. III à XV.

SULPHUR LOTUM.

SOUFRE LAVÉ.

℞ Soufre sublimé.. . . . . ℔ j.

Versez dessus de l'eau bouillante jusqu'à ce qu'il ne soit plus acide, alors faites-le sécher.

Syn. Flores sulphuris loti.

Dose ℈ à ʒ I.

PRÉCIPITATED SULPHUR.

SOUFRE PRÉCIPITÉ.

(LAIT DE SOUFRE.)

Sulphur præcipitatum.

℞ Soufre sublimé.. . . . . ℔ j.

Chaux. . . . . ℔ j.

Eau. . . . . 16 litres.

Faites bouillir ensemble et filtrez, versez de l'acide muriatique; lavez le précipité jusqu'à ce qu'il soit insipide.

Syn. Lac sulphuris.

Cathartique, diaphorétique.

Dose ℈I à ʒII.

EXPRESSED OILS.

HUILES EXPRIMÉES.

Olea expressa.

OIL OF ALMONDS.

HUILE D'AMANDES.

Oleum amygdalarum.

℞ Amandes douces.........q. s.

Faites macérer pendant douze heures dans l'eau froide, puis réduisez en poudre et exprimez l'huile à froid.

Emolliente.

Dose ʒj à ℥ ß.

LINSEED OIL.

HUILE DE LIN.

Oleum lini.

Broyez la graine de lin, alors exprimez l'huile à froid.

Emolliente, laxative.

Dose ℥ II à ℥ ß

CASTOR OIL.

HUILE DE CASTOR OU DE RICIN.

Oleum ricini.

Broyez les semences de ricin, après en avoir ôté l'écorce, alors exprimez l'huile à froid.

Cathartique.

Dose ℥ II à ℥ I.

4.

DISTILLED OILS.

HUILES DISTILLÉES.

Olea distillata.

OIL OF ANISEED DISTILLED.

HUILE D'ANIS.

Oleum anisi.

℞ Anis vert.. . . . . ℔ j.
Eau. . . . . ℔ viij.

Distillez selon l'art et recevez dans le récipient florentin.

Stimulante, carminative, expectorante.

Dose g^{ttes} II à g^{ttes} V.

OIL OF CHAMOMILE.

HUILE DE CAMOMILLE.

Oleum anthemidis.

♃ Camomille. . . . . ⎰
Eau. . . . . ⎱ aa q. s.

Distillez et recueillez selon l'art.

Syn. Ol. chamomili.

Stimulante, anti-spasmodique.

Dose g^ttes II à g^ttes V.

OIL OF CARRAWAY.

HUILE DE CARVI.

Oleum carui.

♃ Semences de carvi . . . . ⎱
Eau. . . . . ⎰ aa q. s.

Distillez et recueillez selon l'art.

Carminative.

Dose g^ttes II à g^ttes V.

OIL OF JUNIPER.

HUILE DE GENIÈVRE.

Oleum juniperi.

♃ Baies de genièvre et eau. . . . aā q. s.

Distillez selon l'art.

Stimulante , diurétique.

Dose gttes II à gttes V.

OIL OF LAVENDER.

HUILE DE LAVANDE.

Oleum lavandulæ.

♃ Lavande. . . . . }aā q. s.
Eau. . . . . }

Distillez et recueillez selon l'art.

Stimulante.

Gtte I à gttes V.

OIL OF PEPPERMINT.

HUILE DE MENTHE POIVRÉE.

Oleum menthæ piperitæ.

♃ Menthe poivrée. . . . . . . ⎰ a̅a̅ q. s.
Eau. . . . . ⎱

Distillez et recueillez selon l'art.

Stomachique.

Gtte I à gttes IV.

OIL OF SPEARMINT.

HUILE DE MENTHE VERTE.

Oleum menthæ viridis.

♃ Menthe. . . . . q. s.
Eau. . . . . q. s.

Distillez selon l'art.

Syn. Ol. menthæ sativæ.

OIL OF ORIGANUM.

HUILE D'ORIGAN.

Oleum origani.

♃ Origan et eau. . . . . ãã q. s.

Distillez selon l'art.

OIL OF PIMENTA.

HUILE DE PIMENT.

Oleum pimentæ.

♃ Piment . . . . q. s.
Eau. . . . . q. s.

Distillez selon l'art.

OIL OF PENNY ROYAL.

HUILE DE POUILLOT.

Oleum pulegii.

♃ Pouillot. . . . . q. s.
Eau. . . . . q. s.

Distillez selon l'art.

OIL OF ROSEMARY.

HUILE DE ROMARIN.

Oleum rorismarini.

℞ Feuilles de romarin. . . . . . q. s.
Eau . . . . q. s.
Distillez.
Stimulante.
Dose g^{ttes} II à g^{ttes} V.

OIL OF ORANGE TREE.

HUILE DE FLEURS D'ORANGER.

(NÉLOLI.)

Oleum florum aurantiorum.

℞ Fleurs d'oranger fraîches.. . ℔ j.
Eau. . . . . ℔ viij.
Distillez selon l'art.

Distillez de la même manière les huiles
volatiles de roses, de thym, sauge, absinthe, fenouil, sabine, baies de genièvre, etc.

OIL OF AMBER.

HUILE DE SUCCIN.

Oleum succini.

Mettez l'ambre ou succin dans un alambic sur un bain de sable, en augmentant graduellement la chaleur.

La liqueur acide et les sels imprégnés d'huile passeront à la première distillation.

Rectifiez deux fois selon l'art pour obtenir l'huile pure.

Stimulante, anti-spasmodique, principalement employée à l'extérieur.

Syn. Oleum succini rectificatum.

RECTIFIED OIL OF TURPENTINE.

HUILE DE TÉRÉBENTHINE PURIFIÉE.

Oleum terebenthinæ rectificatum.

℞ Huile de térébenthine. . . . 1 pinte.

Eau. . . . . 4 pintes.

Distillez selon l'art.

Intérieurement stimulante, diurétique.

Dose g^tes XX à 3 ß.

DISTILLED WATER.

EAU DISTILLÉE.

Aqua distillata.

DISTILLED WATER.

EAU DISTILLÉE.

Aqua distillata.

℞ Eau. . . . . q. s.

Distillez selon l'art, en jetant le quart de l'eau employée; recevez le restant et conservez pour l'usage.

5

DILL WATER.

EAU D'ANETH.

♃ Semences d'aneth concassées ℔ j.
Eau. . . . . q. s.

Distillez selon l'art.

Carminative.

Dose ℥ I à ℥ II.

CARRAWAY WATER.

EAU DE CARVI.

Aqua carui.

♃ Semences de carvi. . . . . . ℔ j.
Eau. . . . . q. s.

Distillez selon l'art pour obtenir quatre litres.

Carminative, stomachique.

Distillez de la même manière l'eau de semences de persil, d'angélique, de coriandre, etc.

Dose ℥ I à ℥ II.

CINNAMON WATER.

EAU DE CANNELLE.

Aqua cinnamomi.

24 Ecorce de cannelle contusée. ℔ j.

Eau . . . . 4 litres.

Faites macérer pendant vingt-quatre heures; ajoutez eau q. s., et distillez pour obtenir quatre litres.

Syn. Aqua cinnamom. simplex.

Cordial, stomachique.

Dose ℥ I à ℥ II.

FENNEL WATER.

EAU DE FENOUIL.

Aqua fœniculi.

24 Semences de fenouil. . . . . . ℔ j.

Eau. . . . . q. s.

Distillez selon l'art.

Cordiale.

Dose ℥ I à ℥ II.

PEPPERMINT WATER.

EAU DE MENTHE POIVRÉE.

Aqua menthæ piperitæ.

℞ Feuilles de menthe poivrée. ℔ j ß.

Eau. . . . . q. s.

Distillez selon l'art pour obtenir quatre litres.

Syn. Aqua menthæ sativæ.

Carminative.

Employée en potion, etc.

Dose ʒ I à ʒ IV.

SPEARMINT WATER.

EAU DE MENTHE VERTE.

Aqua menthæ viridis.

℞ Menthe verte. . . . . ℔ j ß.

Eau. . . . . q. s.

Distillez pour obtenir quatre litres.

Dose ʒ I à ʒ IV.

PIMENTA WATER.

EAU DE PIMENT.

Aqua pimentæ.

♃ Sem. de piment contusées. . ℔ ß.

Eau. . . . . q. s.

Laissez macérer vingt-quatre heures dans l'eau, et distillez selon l'art.

Syn. Aqua pimento, aqua piper jamaïcensis.

Dose ℥ ß à ℥ II.

PENNY ROYAL WATER.

EAU DE POUILLOT.

Aqua pulegii.

♃ Feuilles de pouillot. . . . . ℔ j ß.

Eau. . . . . q. s.

Distillez pour obtenir quatre litres.

Syn. Aqua pulegii simplex.

Stimulante, cordiale.

Dose ℥ ß à ℥ I.

ROSE WATER.

EAU DE ROSES.

Aqua rosarum.

℞ Pétales de roses. . . . . ℔ viij.
Eau. . . . . q. s.

Distillez pour obtenir quatre litres.
Syn. Aqua rosarum.

ORANGE TREE WATER.

EAU DE FLEURS D'ORANGER.

Aqua florum aurantiorum.

℞ Fleurs d'oranger. . . . . ℔ v.
Eau. . . . . ℔ xx.

Distillez pour obtenir dix livres.

Distillez de la même manière les eaux de lis, de sureau, de muguet, de coquelicot, de nénuphar, de pivoine, etc.

INFUSIONS.

Infusa.

INFUSION OF CHAMOMILE.

INFUSION DE CAMOMILLE.

Infusum anthemidis.

℞ Fleurs de camomille. . . . . . ʒ ij.
Eau bouillante . . . . 1/2 pinte

Faites macérer pendant dix minutes dans un vaisseau couvert, et filtrez.

Syn. infusum. flor. chamomili.

Stomachique, tonique.

Dose ʒ I à ʒ IV.

INFUSION OF HORSERADISH.

INFUSION DE RAIFORT.

Infusum armoraciæ.

℞ Racine de raifort coupée . } aa ℥j.
Moutarde concassée. . . . }
Eau bouillante. . . . . . . 1 pinte.

Faites macérer deux heures et filtrez ; ajoutez esprit de raifort composé.

Syn. Infus. raphan. rustican.

Stimulante , diurétique.

Dose ℥ ß à ℥ II.

COMPOUND INFUSION OF ORANGE PEEL.

INFUSION D'ÉCORCE D'ORANGE COMPOSÉE.

Infusum aurantii compositum.

℞ Ecorce d'orange sèche. . . . ʒ ij.
Ecorce de citron frais. . . . ʒ j.
Clous de gérofle. . . . . . . ʒ ß ..
Eau bouillante. . . . . 1/2 pinte.

Faites macérer pendant un quart d'heure, et filtrez dans un vaisseau couvert.

Syn. Inf. cortic. aurant. composit.

INFUSION OF COLUMBA.

INFUSION DE COLOMBO.

Infusum columbæ.

℞ Racine de colombo.. . . . . . ʒj.

Eau bouillante. . . . . . . 1/2 pinte.

Faites macérer pendant deux heures dans un vaisseau couvert, et filtrez.

Syn. Infusum columbo.

Tonique, stomachique, anti-émétique.

Dose ℥ I à ℥ II.

INFUSION OF CLOVES.

INFUSION DE CLOUS DE GÉROFLE.

Infusum caryophyllorum.

℞ Clous de gérofle concassés... ʒj.

Eau bouillante.. . . . . 1 pinte.

Faites macérer pendant deux heures dans un vase couvert, et filtrez.

Aromatique, stimulante.

Dose ℥ I à ℥ II.

INFUSION OF CASCARILLA.

INFUSION DE CASCARILLE.

Infusum cascarillæ.

℞ Ecorce de cascarille. . . . . ℥ ß .

Eau bouillante. . . . . . . 1/2 pinte.

Faites macérer pendant deux heures dans un vaisseau couvert, et filtrez.

Tonique, stomachique.

Dose ℥ I ℥ II.

COMPOUND INFUSION OF CATECHU.

INFUSION DE CACHOU COMPOSÉE.

Infusum catechu compositum.

℞ Extrait de cachou. . . . . . ℥ ij ß .

Ecorce de cannelle concassée. ℥ ß .

Eau bouillante. . . . . . . 1/2 pinte.

Faites une infusion.

Syn. Infusum terræ japonicæ.

Astringente.

Dose ℥ I à ℥ II.

INFUSION OF PERUVIAN BARK.

INFUSION DE QUINQUINA.

Infusum cinchonæ.

℞ Quinquina concassé. . . . . $\overline{3}$ ß .

. Eau bouillante . . . . 1/2 pinte.

Faites infuser.

Tonique, fébrifuge.

Dose $\overline{3}$ I à $\overline{3}$ II.

INFUSION OF CUSPARIA.

INFUSION DE FAUSSE ANGUSTURE.

Infusum cuspariæ.

℞ Ecorce de fausse angusture. . $\overline{3}$ ij.

Eau bouillante. . . . . . . 1/2 pinte.

Faites macérer pendant deux heures dans un vaisseau couvert, et filtrez.

Syn. Infus. cort. angusturæ.

Tonique, fébrifuge.

Dose $\overline{3}$ I à $\overline{3}$ II.

INFUSION OF FOX GLOVE.

INFUSION DE DIGITALE.

Infusum digitalis.

℞ Feuilles sèches de digitale... ℥j.

Eau bouillante. . . . . . . 1/2 pinte.

Faites infuser, et ajoutez esprit de cannelle ℨ ß .

Diurétique.

Dose ℨ ß à ℨ I.

COMPOUND INFUSION OF GENTIAN.

INFUSION DE GENTIANE COMPOSÉE.

Infusum gentianæ compositum.

℞ Racine de gentiane. . . . . } aa ℨj.
Ecorce d'orange concassée. |

Ecorce de citron frais. . .   ℨ ij.

Eau bouillante. . . . . . .   ℥ xij.

Faites infuser, et filtrez.

Syn. Infusum amarum.

Dose ℥ I à ℥ II.

INFUSION OF LINSEED.

INFUSION DE LIN.

Infusum lini.

4 Graine de lin. . . . . ℥j.
Racine de réglisse concassée ℥ ß.
Eau bouillante. . . . . 2 pintes

Faites infuser selon l'art.

Syn. Infus. semin. lini.

INFUSION OF QUASSIA.

INFUSION DE QUASSIA.

Infusum quassiæ.

4 Quassia coupé. . . . . ℈j.
Eau bouillante. . . . . 1/2 pinte.

Faites macérer pendant deux heures
dans un vase légèrement couvert, et filtrez.

Syn. Infusum amarum.

Tonique, stomachique.

Dose ℥ I à ℥ II.

INFUSION OF RHUBARB.

INFUSION DE RHUBARBE.

Infusum rhei.

℞ Rhubarbe concassée. . . . . . ℥j.

Eau bouillante. . . . . . . 1/2 pinte.

Faites macérer pendant deux heures dans un vase légèrement couvert, et filtrez.

Syn. Infusum rad. rhabarbari.

Cathartique, stomachique.

. Dose ℥ ß à ℥ II.

INFUSION OF ROSES.

INFUSION DE ROSES.

Infusum rosarum.

℞ Pétales de roses séchées. . ℥ ß .

Eau bouillante. . . . . . 2 pintes 1/2.

Acide sulfurique affaibli. . ʒ iij.

Sucre blanc. . . . . ℥j ß .

Faites l'infusion de roses, ajoutez l'acide, filtrez, et ajoutez le sucre.

Syn. Infus. rosarum.

Tonique.

Dose ℥ ß à ℥ II.

INFUSION OF SENNA.

INFUSION DE SÉNÉ.

Infusum sennæ.

℞ Séné.. . . . . ℥j ß .

Gingembre concassé. . . . . ʒj.

Eau bouillante.. . . . . 1 pinte.

Faites infuser pendant une heure dans un vase légèrement couvert, et filtrez.

Purgative.

Dose ℥ II à ℥ IV.

INFUSION OF SIMAROUBA.

INFUSION DE SIMAROUBA (BOIS DE SURINAM.).

Infusum simaroubæ.

℞ Ecorce de simarouba conc... ʒ ß .

Eau bouillante. . . . . 1/2 pinte.

Faites infuser pendant deux heures dans un vase légèrement couvert, et filtrez.

Astringente, tonique.

Dose ℥ I à ℥ II.

INFUSION OF TABACCO.

INFUSION DE TABAC.

Infusum tabaci.

℞ Feuilles de tabac.. . . . . ʒj.
  Eau bouillante.. . . . . 1 pinte.

Faites macérer pendant une heure dans un vase légèrement couvert, et filtrez.

Syn. Infusum foliorum nicotianœ.

INFUSION OF PEPPERMINT.

INFUSION DE MENTHE.

Infusum menthæ.

℞ Menthe poivrée. . . . . ℈ ij.
  Eau bouillante.. . . . . ℔ ß.
  Sucre blanc. . . . . ℥ ij.
  Teint. de cardamome comp... ℨ ß.

Faites infuser la menthe pendant deux heures, filtrez, ajoutez le sucre.

Dissolvez l'essence de menthe dans la teinture de cardamome composée, et mêlez selon l'art.

Diaphorétique.

MUCILAGINES.

MUCILAGES.

Mucilagus.

MUCILAGE OF ACACIA.
MUCILAGE DE GOMME ARABIQUE.
Mucilago acaciæ.

℞ Gomme arabique pulvérisée. $\bar{3}$ iv.

Eau bouillante . . . . 1/2 pinte

Faites selon l'art un mucilage.

Syn. Mucilag. gummi arabic., mucilag. mimosæ niloticæ.

Dose ꞛ II à ꞛ VI.

MUCILAGE OF GUM-ADRAGANT.
MUCILAGE DE GOMME ADRAGANTE.
Mucilago tragacanthæ.

℞ Gomme adragante . . . . . . $\bar{3}$ j.

Eau chaude. . . . . ℔ j.

Faites selon l'art.

6.

MUCILAGE OF STARCH.

MUCILAGE D'AMIDON.

Mucilago amyli.

℞ Amidon. . . . . ℥ iij.
Eau. . . . . 1 pinte.

Faites selon l'art.

Astringent.

Dose ℥ ß à ℥ VI en lavement.

MUCILAGE OF PSYLLIUM.

MUCILAGE DE PSYLLIUM.

Mucilago psyllii.

℞ Semences de psyllium. . . . ℥ ij.
Eau chaude. . . . . ℥j ß .

Faites selon l'art.

On prépare de la même manière les mucilages de semences de lin, de coings et d'autres plantes riches en mucilage.

DECOCTIONS.

DÉCOCTIONS.

Decocta.

COMPOUND DECOCTION OF ALOES.
DÉCOCTION D'ALOÈS COMPOSÉE.
Decoctum aloes compositum.

℞ Extrait de réglisse. . . . . . . ℥ ß .
Sous-carbonate de potasse. . ℈ ij.
Extrait d'aloès . . . . ⎫
Myrrhe . . . . ⎬ ℥ j.
Safran. . . . . ⎭
Eau. . . . . 1 pinte.

Faites bouillir jusqu'à réduction de douze onces, et filtrez, ajoutez teinture de cardamome composée ℥ iv.

Emménagogue, cathartique.

Dose ℥ ß à ℥ I.

DECOCTION OF CINCHONA BARK.

DÉCOCTION DE QUINQUINA.

Decoctum cinchonæ.

℞ Quinquina concassé. . . . . . ℥j.
Eau. . . . . 1 pinte.
Faites bouillir et filtrez.
Syn. Decoct. peruvian. bark.
Tonique , astringente.
Dose ℥I à ℥II.

DECOCTION OF QUINCE SEEDS.

DÉCOCTION DE SEMENCES DE COINGS.

Decoctum cydoniæ.

℞ Semences de coing.. . . . . . ʒij.
Eau. . . . . 1 pinte.
Faites bouillir pendant dix minutes, et
filtrez.
Syn. Mucil. semin. cydonis mali.
Dose ℥I à ℥II.

DECOCTION OF BITTERSWEET (OR WOODY NIGHTSHADE.)

DÉCOCTION DE DOUCE-AMÈRE.

Decoctum dulcamaræ.

℞ Douce-amère coupée . . . ℥j.

Eau.. . . . . 1 pinte 1/2.

Faites bouillir jusqu'à réduction d'une pinte, et filtrez.

Narcotique, diurétique.

Dose ℥ ß à ℥ II.

DECOCTION OF BARLEY (BARLEY WATER.)

DÉCOCTION D'ORGE.

Decoctum hordei.

℞ Orge perlé. . . . . ℥ij.

Eau. . . . . 4 pintes 1/2.

Lavez l'orge à l'eau froide et faites bouillir, filtrez s. l. a.

Syn. Aqua hordeata.

COMPOUND DECOCTION OF BARLEY
DÉCOCTION D'ORGE COMPOSÉE.
Decoctum hordei compositum.

℞ Décoction d'orge . . . . 2 pintes.
Figues . . . . ℥ ij.
Réglisse coupée. . . . . ℥ ß.
Raisins de Corinthe. . . . . ℥ ij.
Eau. . . . . 2 pintes.

Faites bouillir et réduire à deux pintes.

Syn. Decoct. pectoral.

Employée contre les rhumes et les catarrhes.

DECOCTION OF LIVERWORT (OR ICELAND MOSS.)
DÉCOCTION DE LICHEN, MOUSSE D'ISLANDE.
Decoctum lichenis.

℞ Lichen d'Islande. . . . . . . ℥ j.
Eau. . . . . 1 pinte 1/2

Faites bouillir selon l'art, et filtrez.

COMPOUND DECOCTION OF MALLOWS.

DÉCOCTION DE MAUVES COMPOSÉE.

Decoctum malvæ compositum.

℞ Fleurs de mauve . . . . ℥j.
Fleurs de camomille . . . . ℥ ß .
Eau. . . . . 1 pinte.

Faites bouillir légèrement, et filtrez.

Syn. Decoct. pro enemate.

Decoct. malvæ comp.

DECOCTION OF THE POPPY.

DÉCOCTION DE PAVOT.

Decoctum papaveris.

℞ Têtes de pavot.. . . . . ℥iv.
Eau. . . . . 4 pintes.

Faites bouillir un quart, d'heure et filtrez.

Syn. Decoct. papaver. alb. pro fomento.

Anodine, pour fomentations.

DÉCOCTION OF OAK-BARK.

DÉCOCTION D'ÉCORCE DE CHÊNE.

Decoctum quercus.

♃ Ecorce de chêne........ ℥j.

Eau............... 2 pintes.

Faites réduire à une pinte et filtrez.

Syn. Decoct. corticis querci.

Astringente employée à l'extérieur.

DÉCOCTION OF SARSAPARILLA.

DÉCOCTION DE SALSEPAREILLE.

Decoctum sarsaparillæ.

♃ Salsepareille coupée...... ℥ iv.

Eau bouillante......... 4 pintes.

Faites réduire à deux pintes et filtrez.

Diaphorétique, anti-syphilitique.

Syn. Decoct. sarsaparillæ simplex.

COMPOUND DECOCTION OF SARSAPARILLA.

DÉCOCTION DE SÁLSEPAREILLE COMPOSÉE.

Decoctum sarsaparillæ compositum.

℞ Décoct. bouillante de salsep. 4 pintes.
Sassafran, gaiac, réglisse . . aa ℥j.
Ecorce de garou . . . . . . ℨ iij.

Faites bouillir, et filtrez selon l'art.

DECOCTION OF SENEGA (OR RATTLESNAKE-ROOT.)

DÉCOCTION DE POLYGALA.

Decoctum senegæ.

℞ Racine de polygala. . . . . ℥j.
Eau. . . . . 2 pintes.

Faites réduire à une pinte, et filtrez.
Syn. Decoct. rad. senekæ.

DECOCTION OF ELM-BARK.

DÉCOCTION D'ORME.

Decoctum ulmi.

24 Ecorce d'orme.. . . . . ℥ iv.

Eau. . . . . 4 pintes.

Faites réduire à deux pintes, et filtrez.

Altérative, diurétique.

Syn. Decoct. corticis ulmi.

Dose ℥ II à ℥ IV.

DECOCTION OF WHITE HELLEBORE.

[DÉCOCTION D'ELLÉBORE BLANC.

Decoctum veratri.

24 Ellébore blanc pulvérisé. . . ℥ j.

Eau. . . . . 2 pintes.

Esprit de vin.. . . . . ℥ ij.

Faites bouillir jusqu'à réduction d'une pinte; quand la décoction est froide ajoutez-y l'esprit-de-vin.

Employée à l'extérieur pour les maladies de la peau.

Syn. Decoct. hellebori albi.

EXTRACTS.

EXTRAITS.

Extracta.

EXTRACT OF ACONITE (OR MONK'SHOOD.)

EXTRAIT D'ACONIT.

Extractum aconiti.

♃ Feuilles d'aconit fraîches . . ℔ j.

Pilez les feuilles dans un mortier, fil
trez et faites évaporer le suc en consistance
d'extrait.

Syn. Succus spissatus aconiti napelli.

Narcotique, stimulant.

Dose gr. I à gr. IV, augmenté graduelle-.
ment.

PURIFIED EXTRACT OF ALOES.

EXTRAIT D'ALOÈS PURIFIÉ.

Extractum aloes purificatum.

℞ Aloès en poudre. . . . . ℔ ß.

Eau bouillante.. . . . . 4 pintes.

Faites macérer pendant trois jours, filtrez et faites évaporer en consistance convenable.

Cathartique, emménagogue.

Dose gr. V à gr. XII.

EXTRACT OF CHAMOMILE.

EXTRAIT DE CAMOMILLE.

Extractum anthemidis.

℞ Fleurs sèches de camomille.. ℔ j.

Eau. . . . . 4 litres.

Faites réduire à quatre pintes, filtrez et faites évaporer en consistance convenable.

Tonique, stomachique.

Syn. Extract. chamomæli.

Dose gr. X. à ʒ ß.

EXTRACT OF DEADLY NIGHTSHADE.

EXTRAIT DE BELLADONE.

Extractum belladonæ.

♃ Feuilles fraîches de bellad. . . ℔ j.

Pilez dans un mortier en ajoutant un peu d'eau, passez, exprimez le suc, filtrez, évaporez en consistance d'extrait.

Syn. Spissatus, atropæ belladonæ. Ex. Solani lethalis.

Narcotique, diurétique.

Dose gr. I à gr. IV, graduellement augmentée.

EXTRACT OF CINCHONA BARK.

EXTRAIT DE QUINQUINA.

Extractum cinchonæ.

♃ Quinquina concassé. . . . . ℔ j.

Eau.. . . . . 4 litres.

Faites réduire à six pintes, et filtrez; faites évaporer en consistance d'extrait.

Syn. Ext. cort. peruvian.

7.

RESINOUS EXTRACT OF CINCHONA BARK.

EXTRAIT RÉSINEUX DE QUINQUINA.

Extractum cinchonæ resinosum.

℞ Quinquina concassé. . . . . . ℔ j.

Esprit de vin.. . . . . 4 pintes.

Faites macérer pendant quatre jours et filtrez ; distillez la teinture au bain-marie, et faites évaporer jusqu'à consistance convenable.

Tonique, stimulant.

Dose gr. V à ℈ I.

EXTRACT OF COLOCYNTH.

EXTRAIT DE COLOQUINTHE.

Extractum colocynthidis.

℞ Pulpe de coloquinthe. . . . ℔ j.

Eau. . . . . 4 litres.

Faites réduire par l'ébullition à quatre pintes, filtrez, évaporéz en concistance convenable.

Cathartique.

Dose gr. V à ℈ I.

COMPOUND EXTRACT OF COLOCYNTH.
EXTRAIT DE COLOQUINTHE COMPOSÉ.
Extractum colocynthidis compositum.

℞ Pulpe de coloquinthe. . . . ℨ vj.
Extr. d'aloès pulvérisé.. . . ℥ j ß .
Gomme rés. scammonée. . . ℥ ß .
Semence de cardamome pulv. ℨ j.
Esprit de vin. . . . . ℔ j.

Faites macérer pendant quatre jours la pulpe dans l'esprit de vin , filtrez et ajoutez les poudres de scammonée et d'aloès, et faites évaporer ; vers la fin de l'évaporation, ajoutez le cardamome , et mêlez s. a.
Syn. Extract. catharticum.
Dose gr. X à Э I.

EXTRACT OF HEMLOCK.
EXTRAIT DE CIGUE.
Extractum conii.

Prenez feuilles de ciguë., pilez-les dans un mortier pour en obtenir le suc , et faites évaporer en consistance convenable.
Narcotique.

Syn. Extract. cicutæ. Succus spissatus cicutæ.
Dose gr. I à X grains graduellement.

EXTRACT OF ELATERIUM.

EXTRAIT DE CONCOMBRE SAUVAGE.

Extractum elaterii.

24 Concombre sauvage. . . . . . q. s.

Faites selon l'art.

Violent cathartique.

Syn. Elaterium.

Dose 1/4 grain à gr. II.

EXTRACT OF GENTIAN.

EXTRAIT DE GENTIANE.

Extractum gentianæ.

24 Racine de gentiane coupée. . ℔ j.

Eau bouillante. . . . . 4 litres.

Faites macérer pendant vingt-quatre heures, et filtrez, faites évaporer en consistance convenable.

Tonique, stomachique.

Dose gr. X à ʒ ß.

EXTRACT OF LIQUORICE.

EXTRAIT DE RÉGLISSE.

Extractum glycyrrhizæ.

℞ Racine de réglisse coupée... ℔ j.
Eau bouillante . . . . 4 litres.

Faites selon l'art.

EXTRACT OF LOGWOOD.

EXTRAIT DE BOIS DE CAMPÊCHE,

Extractum hæmatoxyli.

℞ Bois de campêche pulvérisé. ℔ j.
Eau bouillante. . . . . 4 litres.

Faites selon l'art.

Astringent.

Syn. Extract. ligni campechensis.
Dose gr. V à ℈ I.

EXTRACT OF HOPS.

EXTRAIT DE HOUBLON.

Extractum humuli.

♃ Houblon . . . . ℥ iv.
Eau. . . . . 4 litres.

Faites infuser, filtrez et évaporez en consistance convenable.

Tonique.

Dose gr. X à ʒ ß.

EXTRACT OF HENBANE.

EXTRAIT DE JUSQUIAME.

Extractum hyoscyami.

♃ Suc de jusquiame. . . . . . ℔ j.

Faites selon l'art.

Narcotique.

Dose gr. I à gr. V, augmenté graduellement.

EXTRACT OF JALAP.
EXTRAIT DE JALAP.
Extractum jalapœ.

℞ Racine de jalap. . . . . ℔ j.

Esprit de vin . . . . 4 pintes.

Eau . . . . 10 pintes.

Faites macérer le jalap dans l'esprit de vin pendant quatre jours pour faire la teinture.

Faites ensuite selon l'art.

Syn. Extr. jalapii.
Dose gr. VI. à gr. XII.

EXTRACT OF OPIUM.
EXTRAIT D'OPIUM.
Extractum opii.

℞ Opium coupé. . . . . ℔ ß.

Eau. . . . . 3 pintes.

Faites macérer, filtrez et évaporez selon l'art.

Narcotique.

Syn. Extractum thebaïcum. Opium colatum.

Dose 1/2 grain à gr. III.

EXTRACT OF WHITE POPPY.

EXTRAIT DE PAVOT BLANC.

Extractum papaveris.

♃ Têtes de pavots privées de
leurs semences.. . . . . . . ℔ j.
Eau bouillante.. . . . . 4 litres.
Faites infuser selon l'art , filtrez et éva-
porez en consistance d'extrait.
Syn. Extr. papav. albi.
Dose I gr. à gr. V graduellement.

EXTRACT OF RHUBARB.

EXTRAIT DE RHUBARBE.

Extractum rhei.

♃ Rhubarbe pulvérisée.. . . . . ℔ j.
Esprit de vin.. . . . . 1 pinte.
Eau. . . . . 7 pintes.
Faites selon l'art.
Syn. Ext. rhabarbari. Ext. rhei.
Cathartique , astringent.
Dose gr. VI à ℥ ß.

EXTRACT OF SARSAPARILLA.

EXTRAIT DE SALSEPAREILLE.

Extractum sarsaparillæ.

℞ Racine de salsepareille coup. ℔ j.

Eau bouillante... . . . . 4 litres.

Faites macérer vingt-quatre heures, faites bouillir et réduire à quatre pintes, filtrez et évaporez en consistance d'extrait.

Dose gr. X à ʒ I.

EXTRACT OF DANDELION.

EXTRAIT DE DENT DE LION.

Extractum taraxaci.

℞ Racine de dent de lion coup. ℔ j.

Eau. . . . . 4 litres.

Faites selon l'art un extrait.

Laxatif.

Dose gr. X à ʒ I.

8

MIXTURES.

MIXTURES.

Misturæ.

MIXTURE OF GUM AMMONIAC.
MIXTURE DE GOMME AMMONIAQUE.
Mistura ammoniaci.

24 Gomme ammoniaque . . . . . ℥ ij.
Eau . . . . 1/2 pinte.

Mêlez selon l'art.

Expectorant.

Syn. Lact. ammoniaci.

Dose ℥ ß à ℥ I.

MIXTURE OF ALMONDS.

MIXTURE D'AMANDES.

Mistura amygdalarum.

℞ Confection d'amandes. . . . ℥ ij.
Eau distillée . . . . 1 pinte.

Faites selon l'art.

Syn. Lact. amygdalæ.

MIXTURE OF ASSA-FOETIDA.

MIXTURE D'ASSA-FŒTIDA.

Mistura assœ-fœtidœ.

℞ Assa-fætida . . . . ℥ ij.
Eau . . . . 1/2 pinte.

Faites selon l'art.

Expectorante, anti-spasmodique.
Syn. Lact. assa-fætidæ.
Dose ℥ ß à ℥ I.

CAMPHOR MIXTURE.
MIXTURE CAMPHRÉE.
Mistura camphoræ.

♃ Camphre . . . . ℥ ß.
Esprit de vin rectifié. . . . g^{ttes} x.
Eau. . . . . 1 pinte.

Réduisez en poudre le camphre en ajoutant l'esprit de vin, puis faites-macérer, et filtrez l'eau.

Diaphorétique, anti-septique, stimulante.

    Syn. Mistura camphorata. Julep
        camphoræ.
    Dose ℥ II à ℥ IV.

MIXTURE OF BURNT HARTSHORN.
MIXTURE DE CORNE DE CERF CALCINÉE.
DÉCOCTION BLANCHE.
Mistura cornu usti.

♃ Corne de cerf calcinée. . . . ℥ ij.
Gomme arabique pulvérisée. ℥ j.
Eau. . . . . 3 pintes

Faites réduire à deux pintes en agitant constamment, et passez.

Absorbant.

Syn. Decoct. cornu cervi. Decoctum album.

CHALK MIXTURE.
MIXTURE DE CRAIE.
Mistura cretœ.

℞ Craie préparée. . . . . ℥ ß.
Sucre. . . . . ʒ iij.
Gomme arabique pulvérisée. ℥ ß.
Eau.. . . . . 1 pinte.

Mélez selon l'art.

Absorbante, astringente.
Syn. Mistura cretacea.
Dose ℥ I à ℥ I ß.

COMPOUND MIXTURE OF IRON.
MIXTURE DE FER COMPOSÉE.
Mistura ferri composita.

℞ Myrrhe en poudre. . . . . . ʒ j.
Sous-carb. de potasse. . . . gr. xxv.
Eau de roses.. . . . . ℥ vij ß.
Sulfate de fer pulvérisé. . . Ðj.
Esprit de muscade. . . . . . ℥ ß.
Sucre blanc. . . . . ʒ j.

Triturez la myrrhe avec le sous-carbo-
nate de potasse, en ajoutant le sulfate de
fer et ensuite peu à peu l'eau.
Syn. Mistura myrrhæ-griffith.
Emménagogue, tonique.
Dose ℥ I à ℥ II.

S.

GUAIACUM MIXTURE.

MIXTURE DE GAÏAC.

Mistura guaiaci.

℞ Racine de gaïac. . . . . ℥j ß.

Sucre . . . . ℥ ij.

Mucilage de gomme arab. . ℥ ij.

Eau de cannelle. . . . . . . ℥ viij.

Syn. Lac. guaiaci.

Diaphorétique , stimulante.

Dose ℥ ß à ℥ I ß.

MUSK MIXTURE.

MIXTURE DE MUSC.

Mistura moschi.

℞ Musc pulvérisé . . . .

Gomme arabique. . . . . . { āā ℥j.

Sucre pulvérisé. . . . . . .

Eau de roses. . . . . ℥ vj.

Syn. Mistura moschata. Julepum moschæ.

Stimulante , anti-spasmodique.

Dose ℥ ß à ℥ I.

SPIRITS.

ESPRITS.

Spiritus.

ALCOHOL.

ALCOOL.
Spiritus.

℞ Esprit de vin. . . . . 4 litres.
Sous-carb. de potasse.. . . . . ℔ iij.

Distillez au bain-marie selon l'art.

Syn. Alcohol.

SPIRIT OF AMMONIA.
ESPRIT D'AMMONIAQUE.
Spiritus ammoniæ.

℞ Esprit de vin.. . . . . 3 pintes.
Muriate d'ammoniaque . . . ℥ iv.
Sous-carb. de potasse. . . . ℥ vj.
Mêlez et distillez à une douce chaleur, recevez dans un récipient entouré de glace.
Syn. Spiritus salis ammoniaci.
Stimulante, cordial, diaphorétique.
Dose ʒ ß à ʒ I.

AROMATIC SPIRIT OF AMMONIA.
ESPRIT D'AMMONIAQUE AROMATISÉ.
Spiritus ammoniæ aromaticus.

℞ Cannelle.. . . . . {
Gérofle.. . . . . { ʒ ij.
Ecorce de citrons.. . . . . ℥ iv.
Sous-carb. de potasse.. . . ℥ viij.
Muriate d'ammoniaque . . ℥ v.
Esprit de vin.. . . . . . . 4 pintes.
Eau . . . . 4 litres.
Mêlez et distillez s. a. pour obtenir six pintes.
Syn. Spirit. volatilis aromaticus. Spirit. salis volatilis. Spirit. Ammoniæ comp.
Stimulant, anti-spasmodique.
Dose ʒ ß à ʒ I.

FOETID SPIRIT OF AMMONIA
ESPRIT FÉTIDE D'AMMONIAQUE.
Spiritus ammoniæ fœtidus.

℞ Esprit d'ammoniaque. . . . 2 pintes.

Assa-fœtida. . . . . ℥ ij.

Faites macérer pendant douze heures, distillez, et recevez la liqueur dans un récipient entouré de glace.

Syn. Spirit. volatilis fœtidus.
Anti-spasmodique, stimulant.
Dose ʒ ß à ʒ II.

SUCCINATED SPIRIT OF AMMONIA.'
ESPRIT D'AMMONIAQUE SUCCINÉ.
Spiritus ammoniæ succinatus.

℞ Mastic. . . . . ʒ iij.

Esprit de vin. . . . . ℥ ix.
Huile de lavande. . . . . . g^ttes xv.
Huile d'ambre. . . . . g^ttes iv.
Liq. d'ammoniaque. . . . . ℥ x.

Faites macérer le mastic dans l'esprit de vin jusqu'à ce qu'il soit dissout, décantez, ajoutez les autres substances, et mêlez le tout ensemble.

Stimulant, anti-spasmodique.

Dose g^ttes X à ʒ ß.

SPIRIT OF ANISEED.

ESPRIT D'ANIS.

Spiritus anisi.

℞ Semence d'anis. . . . . ℥ viij.

Esprit de vin. . . . . 4 litres.

Faites macérer vingt-quatre heures, et distillez selon l'art au bain-marie.

Syn. Spiritus anisi composit.
Carminatif, stimulant.

Dose ℨ II à ℥ ß.

COMPOUND SPIRIT OF HORSERADISH ROOT.

ESPRIT DE RAIFORT COMPOSÉ.

Spiritus armoraciæ compositus.

℞ Rac. fraîche de raifort coup. ⎫
Ecorce d'orange sèche. . . ⎭ aā ℔ j.

Noix muscade. . . . . ℥ ß.

Esprit de vin. . . . . 4 litres.

Distillez selon l'art au bain-marie.

Syn. Spiritus raphani compositus.
Stimulant, antiscorbutique.

Dose ℨ II à ℥ I.

SPIRIT OF CAMPHOR.

ESPRIT CAMPHRÉ.

Spiritus camphoræ.

℞ Camphre. . . . . $\bar{3}$ iv.
Esprit de vin. . . . . 2 pintes.

Mêlez jusqu'à ce que le camphre soit bien dissout.

Syn. Spiritus vini camphorat.

SPIRIT OF CARRAWAY.

ESPRIT DE CARVI.

Spiritus carui.

℞ Semences de carvi . . . . . . ℔ j ß .
Esprit. . . . . 4 litres.

Distillez au bain-marie.

Syn. sp. semin. carui.
Carminatif.

Dose ʒ II à $\bar{3}$ I.

SPIRIT OF CINNAMON.

ESPRIT DE CANNELLE.

Spiritus cinnamomi.

℞ Cannelle. . . . . ℔j.
Esprit de vin . . . . 4 litres.

Distillez au bain-marie.

Syn. Aq. cinnamomi spirituosa.

Dose ʒ II à ℥ I.

COMPOUND SPIRIT OF JUNIPER.

ESPRIT DE GENIÈVRE COMPOSÉ.

Spiritus juniperi compositus.

℞ Genièvre . . . . ℔j.
Carvi. . . . .
Fenouil. . . . . $\Big\rbrace$ aa ℥j ß.
Esprit de vin.. . . . . 4 litres.

Distillez au bain-marie pour obtenir trois litres et demi.

Diurétique, stimulant.

Dose ℥ ß à ℥ I.

SPIRIT OF LAVENDER.

ESPRIT DE LAVANDE.

Spiritus lavandulæ.

♃ Fleurs fraîches de lavande. . ℔ ij.
Esprit de vin. . . . . 4 litres.

. Distillez au bain-marie.

Syn. Spiritus lavandulæ simplex.

COMPOUND SPIRIT OF LAVENDER.

ESPRIT DE LAVANDE COMPOSÉ.

Spiritus lavandulæ compositus.

♃ Esprit de lavande. . . . . . 3 pintes.
Esprit de romarin. . . . . . 1 pinte.
Ecorce de cannelle. . . . ⎰
Noix muscade. . . . . . . ⎱ aā ℥ ß.

Bois de campêche rou. coup. ℥j.

Faites macérer pendant quatorze jours , et filtrez.

Syn. Tinctura lavandulæ composita.
Stimulant, cordial , anti-spasmodique.

Dose ℈ I à ʒ I.

SPIRIT OF PEPPERMINT.

ESPRIT DE MENTHE POIVRÉE.

Spiritus menthæ piperitæ.

♃ Feuilles de menthe séchées . ℔ j ß .

Esprit de vin. . . . . 4 litres.

Distillez selon l'art au bain-marie.

Syn. Spirit menthæ piperitæ.

Carminatif, stimulant.

Dose ʒ I à ℥ I.

SPIRIT OF SPEARMINT.

ESPRIT DE MENTHE VERTE.

Spiritus menthæ viridis.

♃ Menthe verte. . . . . ℔ j ß .

Esprit de vin. . . . . 4 litres.

Distillez au bain-marie.

Syn. Spirit. menthæ viridis.

Dose ʒ I à ℥ I.

SPIRIT OF NUTMEG.

ESPRIT DE NOIX MUSCADE.

Spiritus myristicæ.

♃ Noix muscades concassées. . ℥ ij.

Esprit de vin. . . . . 4 litres.

Faites macérer vingt-quatre heures , et distillez au bain-marie.

Syn. Spirit. nucis moschatæ.

Cordial , stimulant.

Dose ʒ II à ℥ I.

SPIRIT OF PIMENTA.

ESPRIT DE PIMENT.

Spiritus pimentæ.

♃ Baies de piment concassés. ، ℥ ij.

Esprit de vin. . . . . 4 litres.

Faites macérer vingt-quatre heures , et distillez au bain-marie.

Syn. Spirit. pimentæ.

Carminatif , stimulant, stomachique.

Dose ʒ I à ℥ I.

SPIRIT OF PENNY ROYAL.

ESPRIT DE POULIOT.

Spiritus pulegii.

℞ Pouliot.. . . . . ℔j ß ·

Esprit de vin. . . . . 4 litres.

Distillez au bain-marie.

Syn. Aqua pulegiæ spirituosa.

Carminatif, stimulant.

Dose ʒI à ℥I.

SPIRIT OF ROSMARY.

ESPRIT DE ROMARIN.

Spiritus rorismarini.

℞ Romarin. . . . . ℔ ij.

Esprit de vin. . . . . 4 litres.

Distillez au bain-marie.

Stimulant, cordial.

Dose ʒ ß à ℥II.

TINCTURES.

TEINTURES.

Tincturæ.

———

Toutes les teintures doivent être préparées dans des vases de verre bien bouchés, et pendant leur macération on doit les remuer fréquemment.

TINCTURE OF WORMWOOD.

TEINTURE D'ABSINTHE.

Tinctura absinthii.

♃ Absinthe.. . . . . ℥ iv.
Esprit de vin. . . . . ℔ j.
Faites macérer pendant quatorze jours, et filtrez.

9.

TINCTURE OF-ALOES.
TEINTURE D'ALOÈS.
Tintura aloes.

24 Aloès pulvérisé. . . . . ℥ ß.
Extrait de réglisse. . . . . . ℥ I ß.
Eau. . . . . 1 pinte.
Esprit de vin.. . . . . ℥ iv.

Faites macérer au bain de sable jusqu'à
ce que les extraits soient bien dissous,
alors filtrez selon l'art.

Cathartique, stomachique, emménagogue.

Dose ℥ ß à ℥ I ß.

COMPOUND TINCTURE OF ALOES.
TEINTURE D'ALOÈS COMPOSÉE.
Tinctura aloes composita.

24 Aloès en poudre. . . . . . }
Safran . . . . } aā ℥ iij.
Teinture de myrrhe. . . . . . 2 pintes.

Faites macérer pendant quatorze jours,
et filtrez.

Syn. Elixir aloes. Elixir proprietatis.

Emménagogue, cathartique, stomachique.

Dose ʒ I à ʒ III.

TINCTURE OF ASSA-FOETIDA.

TEINTURE D'ASSA-FŒTIDA.

Tinctura assa-fœtidœ.

℞ Assa-fœtida . . . . ℥ iv.

Esprit de vin rectifié. . . . . 2 pintes.

Faites macérer quatorze jours, et filtrez.

Syn. Tinctura fœtida.

Anti-spasmodique, stimulante, emménagogue.

Dose ℥ ß à ℥ II.

TINCTURE OF ORANGE PEEL.

TEINTURE D'ÉCORCE D'ORANGE.

Tinctura aurantii.

℞ Ecorces d'oranges fraîches . ℥ iij.

Esprit de vin.. . . . . 2 pintes.

Faites macérer quatorze jours, et filtrez.

Syn. Tinctura cort. aurantii.

Stomachique, tonique.

Dose ℥ I à ℥ IV.

COMPOUND TINCTURE OF BENZOIN.

TEINTURE DE BENJOIN COMPOSÉE.

Tinctura benzoïni composita.

♃ Benjoin. . . . . $\overline{3}$ iij.
Storax.. . . . . $\overline{3}$ ij.
Baume de tolu. . . . . $\overline{3}$ j.
Extrait d'aloès . . . . $\overline{3}$ ß.
Esprit de vin. . . . . 2 pintes.

Faites macérer quatorze jours, et filtrez.

Syn. Tinct. benzoes comp. Balsamum traumaticum.

Stimulante, anti-spasmodique.

Cette teinture est aussi employée à l'extérieur.

Dose ʒ ß à ʒ II.

TINCTURE OF COLUMBA.

TEINTURE DE COLOMBO.

Tinctura columbœ.

♃ Racine de colombo concas.. $\overline{3}$ ij 1/2.
Esprit de vin.. . . . . 2 pintes.

Faites macérer quatorze jours, et filtrez.

Dose ʒ I à ʒ IV.

COMPOUND TINCTURE OF CAMPHOR.
TEINTURE DE CAMPHRE COMPOSÉE.
ÉLIXIR PARÉGORIQUE.
Tinctura camphoræ composita.

♃ Camphre . . . . ϶ ij.
Opium.. . . . . |
Benjoin. . . . . | a͞a ʒj.
Esprit de vin. . . . . 2 pintes.

Faites macérer pendant quatorze jours,
et filtrez.

Syn. Tinctura opii camphorata. Elixir
paregoricum.

Diaphorétique , anti-spasmodique.

Dose XXX g^ttes à ʒ II.

TINCTURE OF CAPSICUM.
TEINTURE DE CAPSICUM.
Tinctura capsici.

♃ Graine de capsicum. . . . . ʒj.
Esprit de vin. . . . . 2 pintes.

Faites macérer pendant quatorze jours,
et filtrez.

Stimulante , stomachique , diaphorétique.

Dose ʒ I à ʒ ß.

TINCTURE OF COLCHI SEEDS.

TEINTURE DE SEMENCES DE COLCHIQUE.

Tinctura colchici seminum.

♃ Semences de colchique. . . ℥ iv.

Esprit de vin.. . . . . ℔ j.

Faites macérer pendant quinze jours, et filtrez.

TINCTURE OF COLCHIC.

TEINTURE DE COLCHIQUE.

Tinctura colchici.

♃ Racine de colchique . . . . ℥ iv.

Esprit de vin. . . . . ℔ j.

Faites macérer pendant quinze jours, et filtrez.

Employée contre la goutte et les rhumatismes.

TINCTURE OF CARDAMOMS.
TEINTURE DE CARDAMOME.
Tinctura cardamomi.

℞ Sem. de cardamome concas. $\tilde{Z}$ iij.

Esprit de vin. . . . . 2 pintes.

Faites macérer pendant quatorze jours, et filtrez.

Syn. Tinctura cardamomi, simplex.
Cordiale, stimulante.

Dose ʒ I à $\tilde{Z}$ ß.

COMPOUND TINCTURE OF CARDAMOMS.
TEINTURE DE CARDAMOME COMPOSÉE.
Tinctura cardamomi composita.

℞ Sem. de cardamome. . . . ⎞
Semence de carvi. . . . . . ⎬ aa ʒ ij.
Cochenille. . . . . ⎠

Cannelle concassée . . . . . $\tilde{Z}$ ß.

Raisins de Corinthe. . . . . $\tilde{Z}$ iv.

Esprit de vin. . . . . 2 pintes.

Faites macérer quatorze jours, et filtrez.

Syn. Tinct. stomachica.
Stomachique, stimulante.

Dose ʒ I à $\tilde{Z}$ I.

TINCTURE OF CASCARILLA.

TEINTURE DE CASCARILLE.

Tinctura cascarilla.

♃ Cascarille. . . . . ℥ iv.
Esprit de vin.. . . . . 2 pintes.

Faites macérer quatorze jours, et filtrez.
Syn. Tinct. cascarilla.
Tonique, stomachique, aromatique.
Dose ʒ I à ℥ ß.

TINCTURE OF CASTOR.

TEINTURE DE CASTOREUM.

Tinctura castorei.

♃ Castoreum en poudre. . . . ℥ ij.
Esprit de vin . . . . 2 pintes.

Faites macérer sept jours, et filtrez.
Anti-spasmodique, stimulante.
Dose ʒ ß à ʒ II.

TINCTURE OF CATECHU.

TEINTURE DE CACHOU, OU TEINTURE JAPONAISE.

Tinctura catechu.

24 Cachou. . . . . $\overline{3}$ iij.
Cannelle. . . . . $\overline{3}$ ij.
Esprit de vin. . . . . 2 pintes.

Faites macérer quatorze jours, et filtrez.

Syn. Tinctura terra japonica.

Astringente.

Dose ʒ I à ʒ III.

TINCTURE OF CINCHONA BARK.

TEINTURE DE QUINQUINA.

Tinctura cinchonæ.

24 Ecorce de quinquina pulv. . $\overline{3}$ vij.
Esprit de vin. . . . . 2 pintes.

Faites macérer quatorze jours, et filtrez.

Tonique, stomachique.

Dose ʒ I à $\overline{3}$ ß.

AMMONIATED TINCTURE OF CINCHONA BARK.

TEINTURE DE QUINQUINA AMMONIACAL.
Tinctura cinchonæ ammoniata.

℞ Quinquina en poudre. . . . ℥ iv.
Esprit d'ammoniaque arom.. 2 pintes.

Faites macérer pendant quatorze jours, et filtrez.
Tonique, fébrifuge, stimulante.
Dose ʒ I à ʒ II.

COMPOUND TINCTURE OF CINCHONA BARK.

TEINTURE DE QUINQUINA COMPOSÉE.
Tinctura cinchonæ composita.

℞ Quinquina en poudre. . . . ℥ ij.
Ecorce d'orange séchée . . ℥ j ß.
Serpentaire contusée . . . . ʒ iij.
Safran.. . . . . ʒ j.
Cochenille pulvérisée. . . . ℈ ij.
Esprit de vin. . . . . ℥ xx.

Faites macérer pendant quatorze jours, et filtrez.
Syn. Tinctura corticis peruv. composita.
Tonique, fébrifuge.
Dose ʒ I à ℥ ß.

TINCTURE OF CINNAMON.
TEINTURE DE CANNELLE.
Tinctura cinnamomi.

♃ Cannelle concassée. . . . . . $\frac{7}{3}$ ij.
  Esprit de vin . . . . 2 pintes.

Faites macérer pendant quatorze jours,
et filtrez.

Syn. Aqua cinnamomi fortis.
Aromatique, astringente, stomachique.
Dose ʒ I à ʒ III.

COMPOUND TINCTURE OF CINNAMON.
TEINTURE DE CANNELLE COMPOSÉE.
TEINTURE AROMATIQUE.
Tinctura cinnamomi composita.

♃ Ecorce de cannelle concas. ʒ vj.
  Semences de cardam. conc. ʒ ij.
  Poivre-long . . . . . . }
  Gingembre . . . . } aā ʒ ij.
  Esprit de vin . . . . 2 pintes.

Faites macérer quatorze jours, et filtrez.

Syn. Tinctura aromatica.
Aromatique, cordiale, stomachique,
tonique.
Dose ʒ I à $\frac{7}{3}$ ß.

TINCTURE OF FOXGLOVE.

TEINTURE DE DIGITALE.

Tinctura digitalis.

℞ Feuilles sèches de digitale.. ℥ iv.
Esprit de vin............ 2 pintes.
Faites macérer quatorze jours, et filtrez.
Syn. Tinctura digitalis purpureæ.
Diurétique , narcotique.
Dose II à XX gttes graduellement.

COMPOUND TINCTURE OF GENTIAN.

TEINTURE DE GENTIANE COMPOSÉE.

Tinctura gentianæ composita.

℞ Gentiane coupée.......... ℥ ij.
Écorce d'oranges........ ℥ j.
Semences de petit cardam.. ℥ ß.
Esprit de vin........... 2 pintes.
Faites macérer quatorze jours, et filtrez.
Syn. Tinctura amara.
Tonique., stomachique.
Dose ʒ I à ℥ ß.

TINCTURE OF GUAIACUM.

TEINTURE DE GAIAC.

Tinctura guaiaci.

♃ Gaiac pulvérisé. . . . . ℥ viij.
Esprit de vin.. . . . . 2 pintes.

Faites macérer quatorze jours, et filtrez.
Diaphorétique , stimulante.
Dose ʒ I à ʒ III.

AMMONIATED TINCTURE OF GUAIACUM.

TEINTURE DE GAIAC AMMONIACALE.

Tinctura guaiaci ammoniata.

♃ Résine de Gaiac pulv. . . . . ℥ iv.
Esprit d'amm. aromatique. 1 pinte 1/2.

Faites macérer quatorze jours, et filtrez.
Syn. Tinctura guaiaci volatilis.
Sudorifique , anti-spasmodique.
Dose g^tes XXX à ʒ II.

10.

TINCTURE OF BLACK HELLEBORE.
TEINTURE D'ELLEBORE NOIR.
Tinctura hellebori nigri.

℞ Ellebore . . . . ℥ iv.
 Esprit de vin. . . . . 2 pintes.

Faites macérer quatorze jours, et filtrez.
Syn. Tinctura melampodii.
Emménagogue , purgative.
Dose gttes XXX à ʒI.

TINCTURE OF HOP.
TEINTURE DE HOUBLON.
Tinctura humuli.

℞ Houblon. . . . . ℥ v.
 Esprit de vin.. . . . . 2 pintes.

Faites macérer quatorze jours, et filtrez.
Tonique , sédative , stomachique.
Dose ʒI à ℥ ß.

TINCTURE OF HENBANE.

TEINTURE DE JUSQUIAME.

Tinctura hyosciami.

℞ Feuilles de jusquiame. . . . ℥ iv.
Esprit de vin.. . . . . 2 pintes.

Faites macérer pendant quatorze jours, et filtrez.

Narcotique, anodine, anti-spasmodique.

Dose g^{ttes} X à g^{ttes} XXX.

Augmentée graduellement.

TINCTURE OF JALAP.

TEINTURE DE JALAP.

Tinctura jalapæ.

℞ Racine de jalap pulvérisée.. ℥ viij.
Esprit de vin.. . . . . 2 pintes.

Faites macérer quatorze jours, et filtrez.

Syn. Tinctura jalapæ.

Dose ʒ I à ʒ VI.

TINCTURE OF KINO.

TEINTURE DE KINO.

Tinctura kino.

℞ Kino pulvérisé. . . . . ℥ iij.

   Esprit de vin. . . . . 2 pintes.

Faites macérer quatorze jours, et filtrez.

Syn. Tinctura gum-kino.

Astringente.

Dose ʒ I à ℥ ß.

TINCTURA OF LYTTA (CANTHARIDES).

TEINTURE DE CANTHARIDES.

Tinctura lyttæ.

℞ Cantharides concassées. . . ʒ iij.

   Esprit de vin. . . . . 2 pintes.

Faites macérer quatorze jours, et filtrez.

Syn. Tinctura cantharidum.

Tinctura cantharidis.

Stimulante employée à l'extérieur.

TINCTURE OF MYRRH.

TEINTURE DE MYRRHE.

Tinctura myrrhæ.

♃ Myrrhe concassée. . . . . . . ℥ iv.
Esprit de vin. . . . . 2 pintes.
Eau. . . . . 1 pinte.

Faites macérer quatorze jours, et filtrez.
Syn. Tinctura myrrhæ simplex.
Stimulante, désobstruente.
Dose g^ttes XXX à ʒ I.

TINCTURE OF OPIUM.

TEINTURE D'OPIUM.

Tinctura opii.

♃ Opium pulvérisé . . . . ℥ ij ß.
Esprit de vin.. . . . . 2 pintes.

Faites macérer quatorze jours, et filtrez.
Narcotique, anodine, anti-spasmodique.
Dose g^ttes X à g^ttes XXX dans un véhi-
cule approprié.

TINCTURE OF RHUBARB.

TEINTURE DE RHUBARBE.
Tinctura rhei.

℞ Rhubarbe coupée. . . . . . . ℥ ij.

Cardamome. . . . . ℥ ß.

Safran. . . . . ℨ ij.

Esprit de vin. . . . . 2 pintes.

Faites macérer quatorze jours, et filtrez.

Syn. Tinctura rhabarbari.

Tinctura rhei.

Stomachique à la dose de ℨ j à ℨ iij.

Purgative à la dose de ℨ vj à ℥ ij.

COMPOUND TINCTURE OF RHUBARB.

TEINTURE DE RHUBARBE COMPOSÉE.
Tinctura rhei composita.

℞ Rhubarbe coupée. . . . . . ℥ ij.

Réglisse. . . . . ℥ ß.

Gingembre, safran. . . . . ãa ℨ ij.

Esprit de vin . . . . 1 pinte.

Eau. . . . . ℥ xij.

Faites macérer quatorze jours, et filtrez.

Syn. Tinctura rhei composita.

Stomachique, cathartique.

Dose ℨ II à ℥ II.

TINCTURE OF SQUILL.

TEINTURE DE SCILLE.
Tinctura scillæ.

24 Squames de scille. . . . . . . ℥ iv.
Esprit de vin . . . . 2 pintes.
Faites macérer quatorze jours, et filtrez.
Expectorante, diurétique.
Dose gttes X à ʒ ß.

TINCTURA OF SENNA.

TEINTURE DE SÉNÉ.
Tinctura sennæ.

24 Séné. . . . . ℥ iij.
Carvi. . . . . ʒ iij.
Cardamome . . . . ʒ j.
Raisins concassés. . . . . . . ℥ iv.
Esprit de vin. . . . . 2 pintes.
Faites macérer quatorze jours, et filtrez.
Syn. Elixir salutis.
Cathartique, stomachique.
Dose ʒ iv à ℥ I ß.

TINCTURE OF SERPENTARY ROOT.

TEINTURE DE SERPENTAIRE.

Tinctura serpentariæ.

℞ Racine de serpentaire. . . . ℥ iij.
Esprit de vin.. . . . . 2 pintes.

Faites macérer quatorze jours, et filtrez.
Syn. Tinct. serpent. virginian.
Sudorifique, stimulante, antiseptique.
Dose ʒ I à ℥ ß.

TINCTURE OF VALERIAN.

TEINTURE DE VALÉRIANE.

Tinctura valerianæ.

℞ Racine de valériane concass. ℥ iv.
Esprit de vin.. . . . . 2 pintes.

Faites macérer quatorze jours, et filtrez.
Syn. Tinctura valerianæ simplex.
Stimulante, anti-spasmodique.
Dose ʒ I à ℥ ß.

AMMONIATED TINCTURE OF VALERIAN.

TEINTURE DE VALÉRIANE AMMONICAL.

Tinctura valerianæ ammoniata.

℞ Racine de valériane. . . . . ℥ iv.

Esprit d'ammoniaque arom.. 2 pintes.

Faites macérer quatorze jours, et filtrez.

Syn. Tinctura valeriana volatilis.

Anti-spasmodique, anti-histérique, stimulante.

Dose g^{ttes} XXX à ʒ I ß.

TINCTURE OF GINGER.

TEINTURE DE GINGEMBRE.

Tinctura zingiberis.

℞ Racine de gingembre coup... ℥ ij.

Esprit de vin. . . . . 2 pintes.

Faites macérer quatorze jours, et filtrez.

Carminative, stomachique, stimulante.

Dose ʒ ß à ʒ II.

ÆTHERS.

ETHERS.

Ætherea.

SULPHURIC ÆTHER.

ETHER SULFURIQUE.

Æther sulfuricus.

℥ Esprit de vin rectifié . . . .⎰aⁱa ℔j ß .
Acide sulfurique. . . . . .⎱

Introduisez d'abord l'alcool dans une cornue de verre, ensuite ajoutez peu à peu l'acide par la tubulure de la cornue en agitant continuellement, puis procédez selon l'art à la distillation sur un bain de sable et avec les précautions nécessaires, en entourant de glace le récipient et l'allonge, etc.

RECTIFIED ÆTHER.

ETHER RECTIFIÉ.

Æther rectificatus.

℞ Ether sulfurique . . . . ℥ xiv.

   Potasse caustique. . . . . . ℥ ß.

   Eau distillée. . . . . ℥ ij.

Faites dissoudre la potasse dans l'eau, ajoutez l'éther, mêlez et distillez selon l'art.

Syn. Æther vitriolicus.

Stimulant, anti-spasmodique.

Dose X gttes à XXX dans une potion.

ÆTHEREAL OIL.

HUILE DOUCE DE VIN.

Oleum œthereum.

Cette huile s'obtient en distillant de nouveau le résidu de l'éther sulfurique.

Syn. Oleum vini.

SPIRIT OF AROMATIC ÆTHER.
ESPRIT D'ÉTHER AROMATIQUE.
Spiritus ætheris aromaticus.

℞ Ecorce de cannelle concassée. ℥ iij.
Semences de cardamome.... ℥ iß.
Poivre-long concassé...
Racine gingembre.... } aa ℥ j.
Esprit d'éther sulfurique ... 1 pinte.
Faites macérer quatorze jours dans un vase de verre bien bouché, et filtrez.

Syn. Elixir vitrioli dulcis.

Stimulant, diaphorétique, anti-spasmodique.

Dose ʒ ß à ʒ I ß.

SPIRIT OF NITRIC ÆTHER.
ESPRIT D'ÉTHER NITRIQUE.
Spiritus ætheris nitrici.

℞ Esprit de vin rectifié.... 2 pintes.
Acide nitrique........ ℥ iij.
Ajoutez l'acide soigneusement et mêlez. Il faut prendre garde que la chaleur ne dépasse pas cent vingt degrés, et distiller pour obtenir vingt-quatre onces de produit. Syn. Sp. ætheris nitrosi. Sp. nitri dulcis.

Diurétique, sudorifique, anti-spasmodique.

Dose gttes XX à ʒ I ß dans une potion.

SPIRIT OF SULPHURIC ÆTHER.

ESPRIT D'ÉTHER SULFURIQUE.

Spiritus ætheris sulphurici.

♃ Ether rectifié.. . . . . 1/2 pinte.
Esprit de vin. . . . . 1 pinte.

Mélez selon l'art.

Syn. Spirit. ætheris vitriolici dulcis.

Diaphorétique , anti-spasmodique , stimulant.

Dose g^ttes XXX à ʒj.

COMPOUND SPIRIT OF SULPHURIC ÆTHER.

ESPRIT D'ÉTHER SULFURIQUE COMPOSÉ.

Spiritus ætheris sulfurici compositus.

♃ Esprit d'éther sulfurique. . . 1 pinte.
Huile douce de vin. . . . . ʒ ij.

Mélez selon l'art.

Syn. Sp. Ætheris vitrioli composit.

Cordial , stimulant , anti-spasmodique.

Dose ʒ ß à ʒ II.

11.

WINES.

VINS.

Vina.

WINE OF ALOES.

VIN D'ALOES.

Vinum aloes.

℞ Extr. d'aloès. . . . . ℥ viij.
Cannelle. . . . . ℥ ij.
Vin. . . . . 6 pintes.
Esprit de vin. . . . . 2 pintes.
Faites macérer quatorze jours, et filtrez.
Syn. Tinct. sacra.
Cathartique, stomachique.
Dose ʒ IV à ℥ I ß.

IPECACUANHA WINE.

VIN D'IPECACUANHA.

Vinum ipecacuanhæ.

℞ Rac. d'ipécacuanha en poud. ℥ ij.
Vin. . . . . 2 pintes.

Faites macérer quatorze jours, et filtrez.

Emétique, diaphorétique.

Dose g^ttes X à XXX.

WINE OF OPIUM.

VIN D'OPIUM.

Vinum opii..

℞ Extrait d'opium. . . . . ℥ j.
Cannelle concassée . . . ⎱
Gérofles . . . . ⎰ aa ʒ j.
Vin. . . . . 1 pinte.

Faites macérer huit jours, et filtrez.

Syn. Tinctura thebaïca. Laudanum.

Anodin, anti-spasmodique.

Dose g^ttes X à XXX.

WINE OF WHITE HELLEBORE.

VIN D'ELLEBORE BLANC.

Vinum veratri.

♃ Racine d'ellébore blanc. ℥ viij.

Vin.. . . . . 2 pintes 1/2.

Faites macérer quatorze jours et filtrez.

WINE OF COLCHICUM.

VIN DE COLCHIQUE.

Vinum Colchici.

♃ Bulbe de Colchique. . . . . ℥j.

Vin de Malaga. . . . . ℔j.

Faites macérer 24 heures dans un vase de verre , passez et filtrez selon l'art. On prépare de la même manière le vin de semences de Colchique , et le *vin scillitique*.

PREPARATIONS

OF VINEGAR.

PRÉPARATIONS AVEC LE VINAIGRE.

Acetica.

VINEGAR OF COLCHICUM, OR MEDOW SAFFRON.

VINAIGRE DE COLCHIQUE OU SAFRAN DE PRAIRIE.

OXIMEL DE COLCHIQUE.

Acetum colchici.

♃ Colchique. . . . . ℥j.
   Vinaigre. . . . . 1 pinte.
   Esprit de vin. . . . . ℥j.

Faites macérer le colchique dans le vinaigre pendant vingt-quatre heures, exprimez la liqueur, ajoutez l'esprit de vin, et filtrez.

Syn. Oxymel colchici.
Expectorant, diurétique.

Dose ʒß à ʒIß.

VINEGAR OF SQUILL.

VINAIGRE DE SCILLE.

Acetum scillæ.

♃ Racine de scille. . . . . ℔j.
Acide acétique.. . . . . 6 pintes.
Esprit de vin. . . . . 1/2 pinte.

Faites selon l'art.

Syn. Acetum scilliticum.
Expectorant , diurétique.
Dose ℨ ß à ℨ II.

VINEGAR OF ROSFS.

VINAIGRE ROSAT.

Acetum rosatum.

♃ Pétales de roses rouges. . . . ℔ ß .
Vinaigre rouge. . . . . ℔ vj.

Faites macérer 14 jours, et filtrez. On
prépare de la même manière les vinaigres
de fleurs de sureau, de romarin, de sauge,
d'œillet , de lavande, etc. etc.

PREPARATIONS OF HONEY.

PRÉPARATIONS AVEC LE MIEL.

Mellitta.

CLARIFIED HONEY.

MIEL CLARIFIÉ.

Mel despumatum.

Faites dissoudre le miel dans q. s. d'eau, et écumez.

Expectorant.

Dose ʒ II à ℥ II.

HONEY OF BORAX.

MIEL DE BORAX.

Mel boracis.

℞ Sous-borate de soude pulvér.   ʒj.
Miel clarifié. . . . . ℥j.

Mélez selon l'art.

Détergent.
Employé pour guérir les aphtes et les ulcères de la bouche.

HONEY OF ROSES.

MIEL ROSAT.

Mel rosœ.

℞ Pétales sèches de roses rouges.   ℥iv.
Eau bouillante. . . . . 3 pintes.
Miel clarifié. . . . . ℔v.

Faites selon l'art.

Syn. Mel rosatum.

SIMPLE OXYMEL.

OXIMEL SIMPLE.

Oxymel simplex.

℞ Miel clarifié. . . . . ℔ ij.
Acide acétique faible. . . . 1 pinte.

Faites selon l'art.

Syn. Mel acetatum.
Expectorant, diaphorétique.
Dose ʒI à ℥I.

OXYMEL OF SQUILLS.

OXYMEL SCILLITIQUE.

Oxymel scillæ.

℞ Miel clarifié. . . . . ℔ v.
Vinaigre de scille. . . . . . 2 pintes.

Faites selon l'art.

Expectorant, diurétique.
Dose ʒß à ʒII.

SYRUPS.

SIROPS.

Syrupi.

SYRUP OF MARSHMALLOW.

SIROP DE GUIMAUVE.

Syrupus altheæ.

℞ Racine de guimauve fraiche. ℔ ß .

Eau. . . . . 4 pintes.

Sucre. . . . . ℔ vij.

Faites selon l'art.

Dose ℨ ß à ℨ I.

On prépare de la même manière le sirop de grande consoude.

Nota. La peinte anglaise correspond à
la livre française de 16 onces ou 500
grammes, comme je l'ai déjà observé.

SYRUP OF ORANGES.

SIROP D'ORANGES.

Syrupus aurantiorum.

♃ Ecorces d'oranges fraîches. ℥ij.
Eau bouillante. . . . . . . 1 pinte.
Sucre blanc. . . . . ℔ij.

Faites selon l'art.

Syn. Syrup cort. aurantii.
Stomachique, tonique.
Dose ʒI à ℥ ß.

SYRUP OF SAFFRON.

SIROP DE SAFRAN.

Syrupus croci.

♃ Safran. . . . . ℥j.
Eau bouillante.. . . . . . . 1 pinte.
Sucre blanc. . . . . ℔ij.

Faites macérer le safran dans l'eau pendant douze heures; alors filtrez, et ajoutez
le sucre; faites cuire en consistance.

SYRUP OF LEMONS.

SIROP DE LIMONS.

Syrupus succi limonis.

♃ Suc de limon filtré.. . . . . . 1 pinte.
Sucre blanc. . . . . ℔ ij.

Faites dissoudre le sucre dans le jus de limons , et faites selon l'art.

Syn. Syr. succi limonis.

Anti-septique.

Dose ʒ I à ℥ ß.

SYRUP OF MULBERRY.

SIROP DE MURES.

Syrupus mori.

♃ Jus de mûres filtré.. . . . . 1 pinte.
Sucre blanc. . . . . ℔ ij.

Faites selon l'art.

Nota. Il vaut mieux préparer ce sirop en employant partie égale de mûres et de sucre ; on fait bouillir légèrement, puis on passe le sirop à travers un tamis de soie.

SYRUP OF WHITE POPPY.

SIROP DE PAVOT BLANC, OU DIACODE.
Syrupus papaveris.

♃ Têtes de pavot blanc concassées et
    privées de leurs semences. $\tilde{3}$ xiv.
Sucre. . . . . ℔ iij.
Eau bouillante. . . . . . . 8 litres 1/2.

Laissez macérer les têtes de pavot dans
l'eau pendant vingt-quatre heures , faites
bouillir, exprimez fortement, filtrez et
faites évaporer jusqu'à réduction d'une
pinte et demie, ajoutez le sucre, et faites
selon l'art.

Dose $\begin{cases} \text{Pour les enfans,} & 3\ \text{I à } 3\ \text{II.} \\ \text{Pour les adultes,} & \tilde{3}\ \text{ß à } \tilde{3}\ \text{I.} \end{cases}$

SYRUP OF BUCKTHORN.

SIROP DE NERPRUN.
Syrupus rhamni.

♃ Suc de nerprun. . . . . . . 4 pintes.
Racine de gingembre . . . . ⎫
Piment en poudre . . . . . ⎬ aā $\tilde{3}$ ß.
Sucre blanc. . . . . ℔ iij ß.

Faites selon l'art.

Syn. espinâ cervinâ.
Cathartique.
Dose 3 IV à $\tilde{3}$ II.

SYRUP OF RED POPPY.

SIROP DE PAVOT ROUGE OU DE COQUELICOT.

Syrupus rhœados.

℞ Fleurs de coquelicot . . . ℔ j.
Eau bouillante. . . . . . . 1 pinte 1/2.
Sucre. . . . . ℔ ij ß.

Faites infuser les fleurs de coquelicot, filtrez et faites selon l'art.

Syn. Syr. papaveris erratici.
Dose ʒ I à ʒ ß.

SYRUP OF ROSES.

SIROP DE ROSES.

Syrupus rosæ.

℞ Pétales de roses séchées. . . ʒ vij.
Sucre. . . . . ℔ vj.
Eau. . . . . 4 pintes.

Faites selon l'art.

Syn. Syrup. rosæ.
Dose ʒ I à ʒ III.

SYRUP OF SENNA.

SIROP DE SÉNÉ.

Syrupus Sennæ.

℞ Séné . . . . ℥ ij.
Semences de fenouil. . . . . . ℥ j.
Manne. . . . . ℥ iij.
Sucre. . . . . ℔ ij.
Eau bouillante. . . . . 1 pinte.

Faites infuser le séné et le fenouil, et faites selon l'art.

Dose ʒ I à ʒ VI.

SIMPLE SYRUP.

SIROP SIMPLE.

Syrupus simplex.

℞ Sucre blanc. . . . . ℔ ij.
Eau. . . . . 1 pinte.

Faites selon l'art.

Syn. Syrup simplex.

SYRUP OF TOLU.

SIROP DE TOLU.

Syrupus tolutanus.

♃ Baume de tolu.. . . . . ℥j.
Eau bouillante . . . . 1 pinte.
Sucre blanc. . . . . ℔ij.

Faites bouillir le baume de tolu une demi-heure dans un vase couvert, filtrez à froid, et faites selon l'art.

Syn. Syrup. balsam. tolutan.
Dose ʒI à ℥ ß.

SYRUP OF GINGER.

SIROP DE GINGEMBRE.

Syrupus zingiberis.

♃ Racine de gingembre coup.. ℥ij.
Eau bouillante . . . . 1 pinte.
Sucre. . . . . ℔ij.

Faites macérer le gingembre dans l'eau pendant quatre heures, filtrez, et ajoutez le sucre, faites selon l'art.

Dose ʒI à ʒIII.

CONFÉCTIONS.

CONFECTIONS.

Confectiones.

CONFECTION OF ALMONDS.

CONFECTION D'AMANDES.

Confectio amygdalarum.

℞ Amandes douces. . . . . ℥j.
    Gomme arabique pulv. . . . ℥j.
    Sucre. . . . . ℥ ß.

Faites macérer les amandes dans l'eau pour ôter la pellicule, pilez ensuite les amandes avec le sucre et la gomme, et faites une masse homogène.

Cette masse sert pour faire promptement l'émulsion ou lait d'amandes en triturant avec q. s. d'eau.

AROMATIC CONFECTION.

CONFECTION AROMATIQUE.

Confectio aromatica.

℞ Ecorce de cannelle.. . . . . ⎱ aā ℥ ij.
Noix muscades . . . . ⎰

Gérofles . . . . ℥ j.
Cardamome. . . . . ℥ ß.
Safran séché. . . . . ℥ ij.
Ecailles d'huîtres préparées. ℔ j.
Sucre en poudre. . . . . . . ℔ ij.
Eau. . . . . 1 pinte.

Faites du tout une poudre fine, et ajoutez l'eau pour faire une masse homogène.
Syn. Confect. cardiaca.
Aromatique, cordiale, stimulante.
Dose gr. X à Ɉ II.

CONFECTION OF ORANGE PEEL.

CONFECTION D'ÉCORCE D'ORANGE.

Confectio aurantiorum.

℞ Ecorce extérieure d'oranges
fraîches rapées. . . . . . . ℔ j.
Sucre. . . . . ℔ iij.

Pilez dans un mortier de marbre avec un pilon de bois, faites une masse homogène en ajoutant le sucre.
Syn. Conserv. cort. aurantii.

CONFECTION OF CASSIA.

CONFECTION DE CASSE.

Confectio cassiæ.

℞ Pulpe de casse fraîche. . . . ℔ ß .
Manne.. . . . . ℥ ij.
Pulpe de tamarins. . . . . . ℥ j.
Sirop de roses. . . . . . . .1/2 pinte.

Triturez la manne , faites-la dissoudre dans le sirop au bain-marie ; ensuite mêlez les pulpes, et faites évaporer en consistance convenable.

Syn. Electuarium cassia.
Dose ʒ I à ℥ I.

CONFECTION OF OPIUM.

CONFECTION D'OPIUM.

Confectio opii.

℞ Opium en poudre. . . . . . ʒ vj.
Poivre . . . . ℥ j.
Gingembre. . . . . ℥ ij.
Semence de carvi. . . . . . ℥ iij.
Sirop. . . . . 1 pinte.

Mêlez tous ces ingrédiens réduits en poudre avec le sirop préalablement chauffé, et faites selon l'art un électuaire.
Syn. Confectio opiata philonium londinense.
Dose gr. X à ʒ I.

CONFECTION OF THE DOG ROSE.

CONFECTION DE ROSES BL. (ou de chien).

Confectio rosœ caninœ.

℞ Pulpe de roses. . . . . ℔j.
Sucre-blanc en poudre. : . ℥xx.

Mettez la pulpe de rose à une douce chaleur dans un bain-marie ; ajoutez peu à peu le sucre , et faites selon l'art.,

Syn. Conserva cynosbati.

CONFECTION OF THE RED ROSE.

CONFECTION DE ROSES ROUGES.

Confectio rosœ gallicœ.

℞ Pétales de roses. . . . . . . ℔j.
Sucre blanc. . . . . ℔iij.

Broyez les pétales dans un mortier de marbre , et triturez avec le sucre jusqu'en consistance convenable.

Syn. Conserva rosæ.

Dose ʒI à ℥I.

CONFECTION OF SCAMMONY.
CONFECTION DE SCAMMONÉE.
Confectio scammoneæ.

℞ Poudre de scammonée. $\overline{\overline{3}}$ j ß.
Gérofles.. . . . . `}`aā ʒ vj.
Gingembre en poudre. `}`aā ʒ vj.
Huile de Carvi. . . . . . ʒ ß.
Sirop de roses.. . . . . . . q. s.

Faites avec ces substances sèches une poudre fine, ajoutez le sirop et l'huile de carvi, et mêlez selon l'art.

Lyn. Electuarium e scammonio.
Dose gr. X à ʒ j ß.

CONFECTION OF SENNA.
CONFECTION DE SÉNÉ.
ÉLECTUAIRE LÉNITIF.
Confectio sennæ.

℞ Séné en poudre. . . . . . ℔ ß.
Figues.. . . . . ℔ j.
Pulpe de tamarins. . .
Pulpe de casse. . . . . aā ℔ ß.
Pulpe de pruneaux. .
Semences de coriandre.. . $\overline{\overline{3}}$ iv.
Racine de réglisse. . . . . $\overline{\overline{3}}$ iij.
Sucre blanc. . . . . ℔ ij ß.

Faites selon l'art.

Syn. Electuarium senna elect. lenitivum.
Dose ʒ j à ʒ vj.

13

POWDERS.

POUDRES.

Pulveres.

COMPOUND POWDER OF ALOES.

POUDRE D'ALOES COMPOSÉE.

Pulvis aloes compositus.

℞ Extrait d'aloës. . . . . ℥ j ß.
Gomme résine de Gayac. . . ℥ j.
Poudre de cannelle composée. ℥ ß.

Réduisez en poudre séparément l'aloës et le Gayac, ajoutez la poudre de cannelle, et mêlez.

Syn. pul. Aloës cum guaiaco pilulæ aromaticæ.

Dose gr. X à ʒ ß.

COMPOUND POWDER OF CINNAMON.

POUDRE DE CANNELLE COMPOSÉE.

Pulvis cinnamomi.

℞ Ecorce de cannelle. . . . . ℥ ij.
Semences de cardamome. . ℥ j ß.
Gingembre. . . . . ℥ j.
Poivre long. . . . . ℥ ß.
Faites selon l'art une poudre fine.

Syn. Pulvis aromaticus; species aromaticæ.
Dose gr. V. à ʒ ß.

COMPOUND POWDER OF CON-TRAYERVA.

POUDRE DE CONTRAYERVA COMPOSÉE.

Pulvis contrayervæ compositus.

℞ Racine de contrayerva en poudre. . . . . ℥ v.
Ecailles d'huîtres préparées. ℔ j ß.

Mélez selon l'art.

Diaphorétique.
Dose gr. X à ʒ j.

POWDER OF BURNT HARTSHORN WITH OPIUM.

POUDRE DE CORNE DE CERF CALCINÉE AVEC L'OPIUM.

Pulvis cornu cervi cum opio.

♃ Opium en poudre. . . . . . . ℈ j.

   Corne de cerf calcinée. . . . ℥ j.

   Cochenille en poudre. . . . ℈ j.

Mêlez.

Syn. Pulvis opiatus.
Absorbante, anodine.
Dose gr. III à gr. XV.

COMPOUND POWDER OF CHALK.

POUDRE DE CRAIE COMPOSÉE.

Pulvis cretæ compositus.

♃ Craie préparée. . . . . ℔ ß.
   Ecorce de cannelle. . . . . ℥ iv.
   Tormentille. . . . . .   āā ℥ iij.
   Gomme arabique. . . .
   Poivre long. . . . . ℥ ß

Réduisez séparément en poudre fine, et mêlez selon l'art.

Syn. Pulvis e bolo comp.
Astringente, stomachique,
Dose gr. XV à ℈ j.

COMPOUND POWDER OF CHALK WITH OPIUM.

POUDRE DE CRAIE COMPOSÉE AVEC OPIUM.

Pulvis cretæ compositus cum opio.

♃ Poudre de craie composée. . ℥ vj ß .

Opium en poudre. . . . . . Э jv.

Mélez selon l'art.

Syn. Pulvis e bolo comp. cum opio.

Absorbante , anodine.

Dose gr. X à Э j.

COMPOUND POWDER OF IPECA- CUANHA.

POUDRE D'IPÉCACUANHA COMPOSÉE.

Pulvis ipecacuanhæ compositus.

♃ Racine d'ipécac. en poudre. |
Opium en poudre. . . . . | aā ʒ j.
Sulfate de potasse en poudre. ℥ j.

Mélez selon l'art.

Syn. Pulvis doweri.

Sudorifique , anodine.

Dose gr. V à Э j.

COMPOUND POWDER OF KINO.

POUDRE DE KINO COMPOSÉE.

Pulvis kino compositus.

℞ Kino. . . . . ℥ xv.
 Écorce de cannelle. . . . . ℥ ß.
 Opium. . . . . ℥ j.
Réduisez-les séparément en poudre fine,
et mêlez selon l'art.

Astringente , anodine.

Dose gr. V à XV.

COMPOUND POWDER OF SCAMMONY.

POUDRE DE SCAMMONÉE COMPOSÉE.

Pulvis scammoneæ compositus.

℞ Gomme résine de scammonée ⎱ ā ā ℥ ij.
 Extrait de jalap. . . . . . . ⎰
 Racine gingembre. . . . . . ℥ ß.
Faites selon l'art.

Syn. Pulv. e senna comp.

Hydragogue , cathartique.
Dose gr. V à VX.

COMPOUND POWDER OF SENNA.

POUDRE DE SÉNÉ COMPOSÉE.

Pulvis sena compositus.

℞ Séné. . . . .⎫ ā͞a ℥ ij.
Crême de tartre. . . . . .⎭
Scammonée. . . . . ℥ ß.
Gingembre. . . . . ʒ ij.

Réduisez en poudre toutes ces substances, et mêlez-les ensemble selon l'art.
Syn. pulv. e sennâ comp.

COMPOUND POWDER OF TRAGACANTH

POUDRE DE GOMME ADRAGANTHE COMPOSÉE.

Pulvis tragacanthæ compositus.

℞ Gomme adragant. en poud. ⎫
Gomme arabique. . . . .⎬ ā͞a ℥ j ß.
Amidon. . . . .⎭
Sucre blanc. . . . . ℥ ij.

Faites une poudre avec l'amidon et le sucre ; alors ajoutez les gommes, et mêlez le tout ensemble.

Syn. Pulvis e tragacantha comp.
Emolliente.
Dose gr. VI à ℈ ij.

PILLS.

PILULES.

Pilulæ.

COMPOUND PILLS OF ALOES.

PILULES D'ALOES COMPOSÉES.

Pilulæ aloes compositæ.

℞ Extr. d'aloës pulvérisé. . . . . ℥j.
Extr. de gentiane. . . . . . ℥ ß.
Huile de carvi. . . . . gttes XXXX.
Sirop simple. . . . . q. s.
Faites une masse pilulaire stomachique.
Dose gr. X à ℈ ß.

PILLS OF ALOES AND MYRRH.

PILULES D'ALOES ET DE MYRRHE.

Pilulæ aloes cum myrrhæ.

♃ Extr. d'aloës.. . . . . ℥ ij.
Safran. . . . .⎱
Myrrhe. . . . .⎰ āa̅ ℥ j.
Sirop simple.. . . . . q. s.
Pulvérisez séparément l'aloës et la myrrhe, et faites, selon l'art, une masse pilulaire.

Syn. Pilulæ rufi.

Emménagogue, cathartique, stoma-chique.

Dose gr. X à ℈j.

COMPOUND PILLS OF GAMBOGE.

PILULES DE GOMME-GUTTE COMPOSÉES.

Pilulæ cambogiæ compositæ.

♃ Gomme-gutte en poudre.⎫
Extr. d'aloës en poudre.. ⎬ āa̅ ʒj.
Poudre de cannelle comp. ⎭
Savon.. . . . . ℥ ij.
Mêlez les poudres ensemble, et ajoutez le savon ; battez le tout ensemble, et faites une masse pilulaire.

Dose gr. VI à ʒ ß.

COMPOUND PILLS OF IRON.

PILULES DE FER COMPOSÉES.

Pilulæ ferri compositæ.

℞ Myrrhe en poudre....... ℥ ij.
Sous-carbonate de soude. .⎱ a͞a ʒj.
Sulfate de fer. ....⎰
Sirop. .... q. s.

Triturez la myrrhe avec le sous-carbonate de soude ; ajoutez ensuite le sulfate de fer ; mêlez le tout ensemble , et faites une masse pilulaire.

Syn. Pilulæ ferri cum myrrha.

Tonique , emménagogue.

Dose gr. X à ℈j.

COMPOUND GALBANUM PILLS.

PILULES DE GALBANUM COMPOSÉES.

Pilulæ galbani compositæ.

℞ Gomme résine de galbanum. ℥j.
Myrrhe. ....⎱a͞a ℥jß.
Sagapénum. ....⎰
Assa fœtida. .... ℥ ß.
Sirop simple......... q. s.
Faites une masse pilulaire.
Syn. Pilulæ gommosæ.
Anti-spasmodique , emménagogue.
Dose gr. VI à ℈j.

QUICKSILVER PILLS.

PILULES DE MERCURE.

Pilulæ hydrargyri.

℞ Vif argent purifié. . . . . . . ℥ ij.
  Confection de roses rouges. ℥ iij.
  Rac. de réglisse en poudre. ℥j.
  Triturez le mercure avec la confection, jusqu'à ce qu'il soit parfaitement éteint ; ajoutez ensuite la réglisse , et faites une masse pilulaire.

Syn. Pilulæ mercuriales
ou bluc-pills.

Anti-syphilitique.

Dose gr. III à X.

PILLS OF OXYMURIATE OF MERCURY.

PILULES DE SUBLIMÉ CORROSIF (OU DE DEUTO-CHLORURE DE MERCURE.)

℞ Sublimé corrosif. . . . . gr. v.
  Résine de gaïac. . . . . ℥j.
  Extr. gom. d'opium. . . . . . g. x.
  Faites , selon l'art , quarante pilules.
  Anti-syphilitique.

COMPOUND PILLS OF SUBMURIATE OF MERCURY.

PILULES DE SOUS-MURIATE DE MERCURE COMPOSÉES ,

(OU PILULES DE CALOMEL COMPOSÉE.)

PLUMMERS PILLS.

Pilulæ hydrargyri submuriatis compositæ.

℞ Calomel . . . . ·)
Soufre doré d'antimoine. . ∫ ā ā ℈j.
Gomme résine de gaïac. . . ℈ ij.

Triturez ensemble le calomel et le soufre doré d'antimoine; ajoutez ensuite la gomme résine de gaïac et suffisante quantité de mucilage de gomme arabique pour faire une masse pilulaire.

Syn. Pilulæ plumerii.

Employée contre les maladies siphylitiques.

Dose gr. V à gr. X.

PILLS OF SOAP AND OPIUM.

PILULES DE SAVON ET D'OPIUM.

Pilulæ saponis cum opio.

℞ Opium en poudre. . . . . . ℥ ß .
Savon. . . . . ℥ ij.

Faites une masse pilulaire.

Syn. Pilulæ opii ; pilulæ saponaci.
Anodine, narcotique, anti-spasmodique.
Dose gr. II à VI.

COMPOUND SQUILL PILLS.

PILULES DE SCILLE COMPOSÉES.

Pilulæ scillæ compositæ.

℞ Rac. de scille séchée et pulv. ʒj.
Racine de gingembre pulv. ⎫
Savon. . . . . ⎬ aā ʒ iij.
                           ⎭
Sel ammoniac en poudre. . ʒ ij.
Sirop simple. . . . . q. s.

Faites une masse pilulaire.

Syn. Pilul. scillæ.
Expectorante , diurétique , diaphoré-
tique.
Dose gr. V à Ɔj.

14.

ANIMAL PREPARATIONS.

PRÉPARATIONS
RETIRÉES DES ANIMAUX.

Præparata ex animalibus.

———

PREPARED LARD.

GRAISSE PRÉPARÉE.

Adeps præparata.

Coupez la graisse en petits morceaux, et faites fondre à une douce chaleur; passez à travers une étamine.

Syn. { Adeps suillæ prep.
{ Axungia porcina.

BURNT HARTSHORN.

CORNE DE CERF CALCINÉE.

Cornu ustum.

♃ Corne de cerf en morceaux q. s. que vous calcinerez jusqu'au blanc dans un vaisseau ouvert; alors, réduisez en poudre fine, et faites, selon l'art, des trochisques.

Syn. Cornu cervi ustum.

Absorbante.

Dose gr. X à ʒ ß.

PREPARED SUET.

GRAISSE PRÉPARÉE.

Sevum præparatum.

Coupez la graisse en petits morceaux ; faites fondre à une douce chaleur , et passez à travers un linge.

Syn. Sevum ovillum , pp.

BURNT SPONGE.

ÉPONGE BRULÉE.

Spongia usta.

Coupez les éponges en petits morceaux, et pilez-les dans un mortier jusqu'à ce qu'elles soient débarrassées des substances étrangères qui y adhèrent ; alors brûlez-les dans un vaisseau de fer couvert , jusqu'à ce qu'elles soient devenues noires et friables ; ensuite , faites-en une poudre fine , et faites des trochisques.

Désobstruante , absorbante, employée contre les gonflemens glandulaires.

Dose gr. X à ℥I.

PREPARED SHELLS.

ECAILLES D'HUITRES PRÉPARÉES.

Testæ præparata.

Lavez les écailles d'huîtres; débarrassez-les de leurs impuretés dans l'eau bouillante ; réduisez-les en poudre , et trochisquez selon l'art.

Syn. Testæ ostreorum.

Absorbante.

Dose gr. X à ℥ ij.

PLASTERS.

EMPLATRES.

Emplastra.

PLASTER OF AMMONIACUM.

EMPLATRE D'AMMONIAC.

Emplastrum ammoniaci.

♃ Gomme ammoniaque purif. ℥ v.
Acide acétique. . . . . . . 1/2 pinte.

Dissolvez la gomme ammon. dans le vinaigre ; évaporez la liqueur dans un vase de fer, au bain-marie, en remuant continuellement jusqu'à consistance convenable.

Stimulant.

Employé dans les douleurs chroniques.

PLASTER OF AMMONIACUM AND QUICKSILVER.

EMPLATRE D'AMMONIAQUE ET DE MERCURE.

Emplastrum ammoniaci cum hydrargyro.

℞ Gomme ammoniaque purif. ℔j.
Mercure. . . . . ℥iij.
Acide sulfurique. . . . . . . ℥j.
Faites selon l'art.

Syn. Empl. ex ammoniaco cum mercurio.

WAX PLASTER.

EMPLATRE DE CIRE.

Emplastrum ceræ.

℞ Cire jaune. . . . .
Graisse préparée. . . ⎰ aā ℔iij
Résine jaune. . . . . ℔j.
Faites fondre ensemble, et passez à tra-
vers un linge.

Syn. Emplastrum attrahens.

CUMIN PLASTER.,

EMPLATRE DE CUMIN.

Emplastrum cumini.

℞ Semences de cumin. . . . ⎫
Semences de carvi. . . . . ⎬ aa ℥ iij.
Baies de laurier. . . . . . ⎭
Poix de Bourgogne. . . . . ℔ iij.
Cire jaune. . . . . ℥ iij.

Faites fondre ensemble la cire et la poix, et ajoutez les autres articles réduits en poudre, et mêlez.

Syn. Empl. e cumino.

COMPOUND GALBANUM PLASTER.

EMPLATRE DE GALBANUM COMPOSÉ.

Emplastrum galbani compositum.

℞ Gomme résine de galbanum
purifiée. . . . . ℔ ß.
Diapalme. . . . . ℔ iij.
Térébenthine. . . . . ℥ j ℨ ij.

Résine de pin en poudre. . . ℥ iij.

Faites fondre ensemble le galbanum et la térébenthine ; ajoutez d'abord la résine, ensuite l'emplâtre diapalme préalablement fondu à une douce chaleur, et mêlez le tout ensemble.

Syn. Empl. diachylum, gum.

MERCURIAL PLASTER.

EMPLATRE MERCURIEL.

Emplastrum hydrargyri.

2 Mercure purifié. . . . . . . $\overline{3}$ iij.
Acide sulfurique. . . . . . 3j.
Emplâtre diapalme. . . . . ℔j.
Triturez le mercure avec l'acide sulfurique jusqu'à ce qu'il soit éteint ; alors, ajoutez l'emplâtre diapalme préalablement fondu, et mêlez le tout ensemble.

Syn. Emplast. hydrargyri.

BLISTERING PLASTER.

EMPLATRE DE CANTHARIDES OU A VÉSICATOIRE.

Emplastrum lyttæ.

2 Cantharides en poudre fine. ℔j.
Emplâtre de cire. . . . . . ℔j ß.
Axonge préparée. . . . . . ℔j.
Faites fondre ensemble l'emplâtre de cire et la graisse ; et avant d'être entièrement refroidis, ajoutez les cantharides en poudre, et mêlez.

Syn. Empl. cantharidis, empl. vesicatotorium.

OPIUM PLASTER.

EMPLATRE D'OPIUM.

Emplastrum opii.

℞ Opium en poudre. . . . . . . ℥ ß .
  Résine de pin pulvérisée.. . ℥ iij.
  Diapalme. . . . . ℔j.
Faites fondre l'emplâtre ; ajoutez la ré-
sine et l'opium., et mêlez.

COMPOUND PLASTER OF PITCH.

EMPLATRE DE POIX COMPOSÉ.

Emplastrum picis compositum.

℞ Poix de Bourgogne. . . . . ℔ij.
  Résine de pin. . . . . ℔j.
  Résine jaune. . . . . ⎱
  Cire jaune. . . . . ⎰ a̅a̅ ℥ iv.
  Huile de muscade. . . . . . ℥j.
Faites fondre ensemble , et mêlez.

Emplast. picis burgundi.
Empl. cephalicum.

PLASTER OF LEAD.

EMPLÂTRE DE PLOMB (DIAPALME).

Emplastrum plumbi.

♃ Litharge en poudre fine. . . ℔ v.
Huile d'olive. . . . . iv litres.
Eau. . . . . ij pintes.
Faites bouillir ensemble en remuant
continuellement, jusqu'à ce que l'oxide
de plomb soit parfaitement combiné , et
que ce mélange ait acquis la consistance
d'emplâtre.

PLASTER OF RESIN.

EMPLÂTRE DE RÉSINE.

Emplastrum resinœ.

♃ Résine jaune. . . . . ℔ ß .
Empl. diapalme. . . . . . . ℔ iij.
Faites fondre l'emplâtre diapalme à une
douce chaleur , et mêlez.

Syn. { Empl. litharg. cum resina.
      { Empl. adhesive.

SOAP PLASTER.

EMPLATRE DE SAVON.

Emplastrum saponis.

♃ Savon. . . . . ℔ ß .
Emplâtre diapalme.. . . . . . ℔ iij.

Faites fondre l'emplâtre ; ajoutez le savon, et mêlez selon l'art.

Syn. { Empl. e sapone.
{ Empl. saponaceum.

Employé contre les glandes et tumeurs.

SPARADRAP.

Sparadrap ex emplastris.

♃ Emplâtre diapalme. . . . . . ⎱ aā ℔j.
Emplâtre diachylum. . . . ⎰

Cire jaune. . . . . ⎱ aā ℥ v ß
Térébenthine. . . . . . . ⎰

Faites fondre au bain-marie, et étendez
sur des bandes de toile.

CERATES.

CÉRATS.

Ceratæ.

———

SIMPLE CERATE.

CÉRAT SIMPLE.

Ceratum simplex.

℞ Huile d'olive. . . . . ℥ iv.
Cire jaune. . . . . . . , . , . . ℥ iv.

Ajoutez l'huile à la cire fondue, et nêlez selon l'art.

CALAMINE CERATE.

CÉRAT DE CALAMINE.

Ceratum calaminæ.

♃ Calamine préparée. . .⟩ a͞a ℔ ß.
  Cire jaune. . . . .⟩
  Huile d'olive. . . . . . . 1 pinte.

Faites fondre la cire à une douce chaleur ; versez l'huile ; mêlez et ajoutez la calamine en remuant continuellement jusqu'à ce qu'il soit parfaitement froid.

Syn. Ceratum lapid. calaminar.
(TURNERS CERATE.)

SPERMACETI CERATE.

CÉRAT DE BLANC DE BALEINE.

Ceratum cetacei.

♃ Blanc de baleine. . . . . . ℥ ß.
  Cire blanche. . . . . ℥ ij.
  Huile d'olive. . . . . ℥ iv.

Faites fondre selon l'art, et remuez, jusqu'à ce qu'il soit froid.

Syn. Cerat. spermaceti (Ceratum album.)

BLISTERING CERATE,

CÉRAT VÉSICATOIRE.

Ceratum lyttœ.

♃ Cérat de blanc de baleine. . ℥ vj.
  Cantharides en poudre fine. ʒj.
Ajoutez les cantharides au cérat, et mêlez selon l'art.

Syn. Ceratum lyttæ, ceratum cantharidis.

CERATE OF THE SUPFR-ACETATE OF LEAD.

CÉRAT D'ACÉTATE DE PLOMB.

Ceratum superacetatis plumbi.

♃ Acétate de plomb en poudre. ʒ ij,
  Cire blanche. . . . , ... ℥ ij.
  Huile d'olive. . . . . . . .1/2 pinte.
Dissolvez la cire dans sept onces d'huile; alors, ajoutez graduellement le sous-acétate de plomb pulvérisé, et le reste d'huile en remuant continuellement avec un pilon de bois, jusqu'à ce qu'il soit parfaitement incorporé.

Syn. Unguent. cerusæ acetatæ,

COMPOUND CERATE OF LEAD.

CÉRAT DE PLOMB COMPOSÉ.

Ceratum plumbi compositum.

⠃ Acétate de p'omb liquide. . ℥ ij ß .
Cire jaune. . . · . . . . . ℥ iv.
Huile d'olive. . . . . ℥ ix.
Camphre. . , . , ... ℨ ß .

Mêlez la cire fondue avec 1/2 ℔ d'huile ;
retirez du feu ; et lors que ce mélange
aura acquis une consistance convenable ,
ajoutez graduellement le sous-acétate de
plomb , en remuant continuellement avec
un pilon de bois, jusqu'à parfait refroidissement ; alors , mêlez le camphre dissout
préalablement dans le reste d'huile, et agitez selon l'art.

CERATE OF RESIN.

CERAT DE RESINE.

Ceratum resinæ.

⠃ Résine jaune. . . . . ⎫
Cire jaune. . . . . ⎬ a̅a̅ ℔ j.
Huile d'olive. . . . . 1 pinte.

Faites fondre la cire et la résine à une
douce chaleur ; alors , ajoutez l'huile , et
passez à travers un linge , en exprimant
légèrement.

Syn. Cerat. resinæ flavæ.

CERATE OF SAVINE

CÉRAT DE SABINE.

Ceratum sabinæ.

℞ Feuilles fraîches de sabine. ℔j.

    Cire jaune. . . . . ℔ ß.

    Axonge préparée.. . . . . . . ℔ ij.

Faites fondre ensemble la cire et la graisse; alors mettez les feuilles de sabine, et faites bouillir ; passez le tout à travers un linge en exprimant.

CERATE OF SOAP.

CÉRAT DE SAVON.

Ceratum saponis.

℞ Savon. . . . . ℥ viij.

    Cire jaune. . . . . ℥ x.

    Litharge en poudre. . . . . ℔j.

    Huile d'olive. . . . . 1 pinte.

    Vinaigre. . . . . 4 litres.

Faites bouillir le vinaigre avec l'oxide de plomb (litharge) en remuant constamment, jusqu'à ce qu'il soit bien incorporé; alors , ajoutez le savon ; faites bouillir jusqu'à ce que la liqueur soit évaporée; ensuite faites fondre la cire dans l'huile, et mêlez.

OINTMENTS.

ONGUENTS.

Unguenta.

SPERMACETI OINTMENT.

ONGUENT DE BLANC DE BALEINE.

Unguentum cetacei.

℞ Blanc de baleine. . . . . . ℥ vj.
Cire blanche. . . . . ℥ ij.
Huile d'olive. . . . . ℥ iij.

Faites fondre toutes ces substances ensemble à une douce chaleur, en remuant,
jusqu'à ce qu'elles soient refroidies.

Syn. Unguent. spermaceti.

COMPOUND OINTMENT OF ELEMI.

ONGUENT ÉLÉMI COMPOSÉ.

Unguentum elemi compositum.

℞ Résine élémi. . . . . ℔ j.
Térébenthine. . . . . ℥ x.
Graisse préparée. . . . . . ℔ ij.
Huile d'olive. . . . . ℥ ij.

Faites fondre la résine élémi avec la graisse ; retirez du feu, et mêlez promptement avec la térébenthine et l'huile, et passez à travers un linge.

Syn. Ung. gum. elemi.

STRONG MERCURIAL OINTMENT.

ONGUENT MERCURIEL FORT.

Unguentum hydrargyri fortius.

℞ Mercure purifié. . . . . . . ℔ ij.
Axonge préparée. . . . . . ℔ j ß.

Triturez le mercure dans un mortier de fer avec une petite quantité de graisse, jusqu'à ce qu'il soit parfaitement divisé ; ajoutez alors le reste de la graisse, et mêlez selon l'art.

Syn. Unguentum cœrul. fort.

WEAK MERCURIAL OINTMENT.

ONGUENT MERCURIEL FAIBLE.

ONGUENT GRIS.

Unguentum hydrargyri mitius.

℞ Onguent mercuriel fort. . . ℔j.
Graisse préparée. . . . . . ℔ij.
Mélez selon l'art.

Syn. Unguent. hydrargyri mitius.

OINTMENT OF NITRATE OF MERCURY.

ONGUENT DE NITRATE DE MERCURE ,

ou ONGUENT CITRIN.

Unguentum nitratis hydrargyri.

℞ Mercure purifié. . . . . . . $\mathfrak{Z}$j.
Acide nitrique. . . . . $\mathfrak{Z}$xj.
Graisse préparée.. . . . . . $\mathfrak{Z}$vj.
Huile d'olive. . . . . $\mathfrak{Z}$iv.

Faites dissoudre le mercure dans l'acide;
alors , mêlez la liqueur avec la graisse et
l'huile préalablement fondues.

Syn. Unguentum citrinum.

OINTMENT OF THE NITRIC OXIDE OF MERCURY.

ONGUENT DE NITRATE DE MERCURE.

Unguentum hydrargyri nitrico oxydi.

℞ Nitrate de mercure. . . . . . ℥j.
Cire blanche. . . . . ℥ij.
Graisse préparée. . . . . . ℥ vj.

Faites fondre à une douce chaleur la cire et la graisse ; ajoutez le nitrate en poudre , et mêlez.

OINTMENT OF WHITE PRECIPITATED MERCURY.

ONGUENT DE PRÉCIPITÉ BLANC.

Unguentum hydrargyri præcipitati albi.

℞ Précipité blanc. . . . . ℨj.
Graisse préparée. . . . . . ℥jß.
Faites selon l'art.
Syn. Unguent. calcis hydrarg. albi.

BLISTERING OINTMENT.

ONGUENT VÉSICATOIRE (POMMADE ÉPISPASTIQUE.)

Unguentum lyttæ.

℞ Cantharides en poudre fine.. ℥ ij.
Eau distillée. . . . .⎫
Cérat de résine. . . . . .⎭ a͠a ℔ ß .

Faites bouillir les cantharides dans l'eau jusqu'à réduction de moitié ; filtrez ; ajoutez le cérat de résine , et faites évaporer en consistance convenable.

Syn. Unguent. cantharid.
Ung. and. vesicatoriæ.

OINTMENT OF BLACK RESIN.

ONGUENT DE RÉSINE NOIRE.

Unguentum resinæ nigræ.

℞ Résine noire. . . . .⎫
Cire jaune. . . . .⎬ a͠a ℥ ix.
Résine jaune. . . . .⎭
Huile d'olive. . . . . 1 pinte.
Faites fondre , et passez à travers un linge.

Syn. ⎰ Ung. basilicum nigrum.
⎱ Ung. tetrapharmacum.

OINTMENT OF LIQUID PITCH (TAR.)

ONGUENT DE POIX LIQUIDE (OU GOUDRON).

Unguentum picis liquidæ.

℞ Poix liquide. . . . . } a͞a ℔j.
Graisse. . . . . }

Faites fondre et passez à travers un linge.

Syn. Ung. picis.

ELDER FLOWER OINTMENT.

ONGUENT DE FLEUR DE SUREAU.

Unguentum sambuci.

℞ Fleurs de sureau. . . . . . } a͞a ℔ij.
Graisse préparée. . . . . . }

Faites bouillir les fleurs dans la graisse, jusqu'à ce qu'elles soient crispées, et passez à travers un linge.

Syn. Ung. flor. sambuc.

SULPHUR OINTMENT.

ONGUENT SOUFRÉ.

Unguentum sulphuris.

♃ Soufre sublimé. . . . . ℥ iij.
Axonge préparée. . . . . . ℔ ß.

Mélez selon l'art.

Syn. Ung. e sulphure.

COMPOUND SULPHUR OINTMENT.

ONGUENT DE SOUFRE COMPOSÉ.

Unguentum sulphuris compositum.

♃ Soufre sublimé. . . . . ℔ ß.
Rac. d'ellébore bl. en poud. ℥ ij.
Nitrate de potasse. . . . . . ʒ j.
Savon. . . . . ℔ ß.
Axonge préparée. . . . . . ℔j ß,

Mélez selon l'art.

WHITE HELLEBORE OINTMENT.

ONGUENT D'ELLÉBORE BLANC.

Unguentum veratri.

♃ Rac. d'ellébore bl. en poud.　ℨ ij.
Axonge. . . . . ℔ ß.
Huile de citrons. . . . . .g^ttes X

Mélez.

Syn. Ung. hellebori albi.

OINTMENT OF ZINC.

ONGUENT DE ZINC.

Unguentum zinci.

♃ Oxide de zinc. . . . . . . ℥ j.
Axonge. . . . . ℥ vj.

Mélez selon l'art.

Stimulant, astringent.
Employé contre les ophtalmies.

LINIMENTS.

LINIMENTS.

Linimenta.

LINIMENT OF VERDIGRIS.

LINIMENT DE VERT DE GRIS.

MELLITE DE CUIVRE (ONGUENT EGYPTIAC).

Linimentum æruginis.

Vert de gris en poudre. . . $\tilde{\mathrm{z}}$ j.
Vinaigre. . . . . z vij.
Miel clarifié. . . . . $\tilde{\mathrm{z}}$ ix.

Faites dissoudre le vert de gris dans le
inaigre ; passez à travers un linge ; ajoutez
aduellement le miel , et faites évaporer
n consistance convenable.

Syn. } Oximel æruginis.
Mel ægyptiacum.

STRONG LINIMENT OF AMMONIA.

LINIMENT D'AMMONIAQUE (FORT).

Linimentum ammoniæ fortius.

℞ Liqueur d'ammoniaque. . . . ℥j.
Huile d'olive. . . . . ℥ij.
Mélez selon l'art.

LINIMENT OF SUBCARBONATE OF AMMONIA.

LINIMENT DE SOUS-CARBONATE D'AMMONIAQUE.

Linimentum sub carbonatis ammoniæ.

℞ Liqueur de sous-carb. d'amm. ℥j.
Huile d'olive. . . . . ℥iij.
Secouez ensemble dans une fiole, jusqu'à
ce qu'ils soient bien mélangés.

Syn. { Liniment. ammoniæ.
{ Liniment. volatile.

CAMPHOR LINIMENT.

LINIMENT CAMPHRÉ.

Linimentum camphoræ.

℞ Camphre. . . . . ℥ ß.
Huile d'olive. . . . . ℥ ij.
Dissolvez le camphre dans l'huile, et filtrez.

COMPOUND CAMPHOR LINIMENT.

LINIMENT DE CAMPHRE COMPOSÉ.

Linimentum camphoræ compositum.

℞ Camphre. . . . . ℥ ij.
Liqueur d'ammoniaque. . . ℥ vj.
Esprit de lavande. . . . . . 1 pinte.
Mêlez la liqueur d'ammoniaque avec l'esprit ; distillez dans un vaisseau à une douce chaleur, jusqu'à une pinte ; faites dissoudre le camphre dans la liqueur distillée.

16.

MERCURIAL LINIMENT.

LINIMENT MERCURIEL.

Linimentum hydrargyri.

℞ Onguent mercuriel double. } aa ℥ iv.
Axonge. . . . .}

Camphre. . . . . ℥ j.
Esprit de vin rectifié. . . . gttes xv.
Liqueur d'ammoniaque. . . ℥ iv.

Triturez le camphre avec l'esprit de vin ; ajoutez l'onguent mercuriel et la graisse ; mêlez le tout, en ajoutant peu à peu la liqueur d'ammoniaque.

COMPOUND SOAP LINIMENT.

LINIMENT DE SAVON COMPOSÉ.

Linimentum saponis compositum.

℞ Savon. . . . . ℥ iij.
Camphre. . . . . ℥ j.
Esprit de romarin. . . . . . . 1 pinte.

Faites selon l'art.

Syn. Liniment. saponaceum.

LINIMENT OF TURPENTINE.

LINIMENT DE TÉRÉBENTHINE.

Linimentum terebinthinæ.

♃ Cérat de résine. . . . . ℔j.

Huile de térébenthine. . . . 1/2 pinte.

Faites fondre le cérat de résine ; ajoutez l'huile de térébenthine , et mêlez selon l'art.

Linimentum e cantharibus camphoratum.

LINIMENT AVEC LES CANTHARIDES CAMPHRÉ.

♃ Teinture de cantharides. . . ℥ ß .

Huile d'amandes douces. . ℥ iv.

Savon amygdalin. . . . . . ℥ j.

Camphre. . . . . ℈ ß .

Faites dissoudre le camphre dans l'huile; ajoutez-y ensuite, en triturant , la teinture dans laquelle on aura dissous le savon.

CATAPLASM.

CATAPLASMES,

Cataplasma.

—

YEAST CATAPLASM.

Cataplasma fermenti.

♃ Farine. . . . . ℔j.
Levure de bierre. . . . . . . 1/2 pinte.

MUSTAR CATAPLASM.

CATAPLASME DE MOUTARDE.

Cataplasma sinapis.

♃ Moutarde en poudre. . . .⎫
Farine de lin. . . . .⎬ aa ℔ ß.
Vinaigre froid. . . . . . . q. s.
Syn. Cataplasm. sinapeos.

—

FIN DES FORMULES DE LA PHARMACOPÉE DE LONDRES.

PATENT
MEDICINES.

MÉDICAMENS PATENTÉS.

———

Les médicamens patentés sont des remèdes particuliers brévetés du gouverne-
ment, et approuvés par le collége royal
des médecins de Londres.

———

ANDERSON'S SCOTTS PILLS.

PILULES D'ANDERSON.

PILULES ÉCOSSAISES.

℞ Aloës pulv. . . . .⎫
Jalap. . . . .⎬ aā ℥ ij.
Gomme-gutte. . . . .⎭

Essence d'anis. . . . . xxx gttes.

Sirop simple. . . . . q. s.

Faites des pilules de quatre grains.

Dose : une à quatre par jour.

ALOES PILLS.

PILULES D'ALOES.

℞ Aloës.. . . . . $\bar{3}$ iv.

Conserve de roses.. . . . . . ℔j.

Faites, selon l'art, des pilules de quatre grains.

Pil colocynthidis compositæ.

PILULES DE COLOQUINTHE COMPOSÉE.

℞ Extrait de coloquinthe. . . $\bar{3}$ ß.

Aloës. . . . .

Scammonée. . . . . } aa $\bar{3}$ j.

Savon blanc. . . . . 3 ij.

Huile de gérofles. . . . . . 3 ß.

Faites, selon l'art, des pilules de trois grains.

ANODYNE NECKLACES.

COLLIERS ANODINS.

Ces colliers sont formés de racine de jusquiame, de larmes de Job, de piment infusé dans de l'eau-de-vie, et mêlés avec de la corne d'Élan.

L'usage est pour faciliter la dentition des enfans, et pour procurer du sommeil.

Antipertussis.

L'ingrédient principal est le sulfate de zinc.

ANTIVENEREAL DROPS.

GOUTTES ANTI-VÉNÉRIENNES.

Ce médicament est composé de sublimé corrosif et de muriate de fer.

D'après l'analyse de Scheelle.

AROMATIC LOZENGES STEEL.

PASTILLES AROMATIQUES DE STEEL.

Ces pastilles sont composées de sulfate de fer et d'une petite quantité de teinture de cantharides.

AROMATIC VINEGAR.

VINAIGRE AROMATIQUE.

℞ Acide acétique. . . . . $\overline{3}$ vj.
Camphre réduit en poudre. $\overline{3}$ ß.
Essence de rom. - Lavande. ⎱ aā 3j.
Huile de gérofle. . . . . . ⎰
Cochenille pulv. . . . . . . gr. iij.
Dissolvez selon l'art, et mêlez les huiles essentielles.

BAILEYS ITCH OINTMENT.

ONGUENT DE BAILEY POUR LA GALLE.

Cet onguent est composé :

D'huile d'olive. . . . .⎫
Axonge. . . . .⎬ aa ℔j.

Sel de nitre. . . . .⎫
Alun. . . . .⎬ aa ℥ ij.
Sulfate de zinc. . . . .
Cinnabre. . . . . ℥ ß.

Huile d'anis. . . . .⎫
Huile d'origan. . . . .⎬ aa ʒj.
Huile de lavande. . . . . . .⎭

Racine d'orcanette pour colorer. q. s.

Faites fondre dans un vase de faïence
l'axonge dans l'huile ; ajoutez la racine
d'orcanette pour colorer ; passez à travers
un linge ; puis ajoutez les sels de nitre ,
l'alun , le sulfate de zinc , le cinnabre , le
tout préalablement pulvérisé et mêlé ;
ajoutez les huiles essentielles d'anis ; triturez jusqu'a parfait refroidissement , et
conservez pour l'usage.

HILLS'BALSAM OF HONEY.

BAUME DE MIEL DE HILL.

Ce baume de miel est composé de teinture de benjoin ou de tolu , avec q. s. de miel.

Première formule.

℞ Baume de tolu. . . . . ℔j.
Miel. . . . . ℔j.
Esprit de vin. . . . . 4 litres.

Faites selon l'art.

Deuxième formule.

℞ Baume de tolu. . . . . ℥ ij.
Stirax. . . . . ℥ ij.
Opium pur. . . . . ℥ ß.
Miel blanc. . . . . ℔ ß.
Esprit de vin. . . . . 2 pintes.

Faites selon l'art.

FORD'S BALSAM OF HOREHOUND.

BAUME DE MARRUBE DE FORD.

♃ Feuilles de marrube. . . | a͞a ℔ iij ß .
Racine de réglisse. . . . |

Eau. . . . . q. s.

Filtrez pour six pintes d'infusion , et ajoutez :

Esprit de vin. . . . . 12 pintes.

Camphre. . . . . ℥j ʒ ij.

Opium pur. . . . .) a͞a ℥j.
Benjoin. . . . .)

Scille. . . . . ℥ ij.

Huile d'anis. . . . . ℥j.

Miel.. . . . . ℔ iij ß .

Mêlez selon l'art.

BALSAM OF LIQUORICE.

BAUME DE RÉGLISSE.

Le baume pectoral de réglisse et l'essence de coltsfoot sont des préparations dont l'opium est la base comme dans l'élixir parégorique.

17

BARCLAY'S ANTIBILIOUS PILLS.

PILULES ANTI-BILIEUSES DE BARCLAY.

℞ Extr. de coloquinthe. . . . ℈ij.
Résine de jalap. . . . . ℈j.
Savon d'huile d'am. douces. ℈j ß.
Gaïac. . . . . ℈ iij.
Tartre anti (émétique). . . . gr. viij.
Huile volatile de genièv. ⎫
Huile de carvi et de ro- ⎬ a̅a̅ gttes iv.
marin. . . . . ⎭
Sirop de nerprun. . . . . . q. s.
Pour faire des pilules de quatre grains.

BARK ESSENTIAL SALT OF.

SEL ESSENTIEL DE QUINQUINA.

Prenez q. s. de quinquina concassé ;
versez dessus de l'eau froide ; faites infuser ; filtrez et évaporez à une douce chaleur, jusqu'à consistance d'extrait que
vous étendrez sur des assiettes en couches
minces, et que vous ferez évaporer à
l'étuve.

BATE'S ANODYNE BALSAM.

BAUME ANODIN DE BATE.

℞ Savon blanc. . . . . $\tilde{3}$ iv.
Opium.. . . . . $\tilde{3}$ j.
Camphre. . . . . $\tilde{3}$ ij.
Huile de romarin. . . . . . . $\tilde{3}$ ß.
Esprit de vin rectifié. . . . ℔ ij.

Faites selon l'art.

BATTLEY'S LIQUOR OPII SEDATIVUS.

LIQUEUR SÉDATIVE D'OPIUM DE BATTLEY.

Cette liqueur est composée d'une solution d'opium dans le vinaigre ; mais on ne peut la conserver sans y ajouter un peu d'esprit de vin, ce qui la rend irritante.

BALSAM OF LIFE.

BAUME DE VIE.

℥ Extrait de réglisse. . . . . . ℥ ß.

Aloës. . . . .⎫
Myrrhe. . . . .⎬ a̅a̅ ʒj
Safran. . . . .⎭

Eau. . . . . ℔j.

Faites bouillir jusqu'à réduction de 12 onces ; filtrez et ajoutez :

Teinture de cardamome composée ℥ iv.

On le prend depuis ℥ ß jusqu'à ℥ ij, et à l'extérieur, pour les blessures et ulcères.

BATE'S ANODYNE BALSAM.

BAUME ANODIN DE BATE.

℞ Savon blanc. . . . . ℥ iv.

Opium. . . . . ℥ j.

Camphre. . . . . , . . . ℥ ij.

Huile de romarin. . . . . . ℥ ß.

Esprit de vin. . . . . ℔ ij.

Faites selon l'art.

Employé à l'extérieur en frictions.

BLACK DRAUGHT.

POTION NOIRE.

℞ Séné. . . . . ℥ ß.
Sulfate magnésie. . . . . |
Manne. . . . . | aā ʒ vj.
Eau. . . . . ℥ iv.
Eau de cannelle. . . . . . . ℥ j.
Teinture de séné. . . . . . . ʒ ij.

Faites infuser le séné dans l'eau ; faites-y dissoudre la manne et le sulfate de magnésie ; passez à travers une étamine ; puis ajoutez l'eau de cannelle et la teinture de séné.

La dose de cette potion purgative est de ℥ j à ℥ ij par jour, que l'on prend le matin à jeun.

COMMON BLACK DROP.

GOUTTE NOIRE ORDINAIRE.

℞ Opium. . . . . ℥ viij.

Vinaigre distillé. . . . . . ℔ ij.
Faites infuser et filtrez.

Nota. Ces gouttes sont plus douces que la teinture d'opium ; une goutte de cette préparation est plus forte que quatre gouttes de laudanum.

BLAINE'S POWDER FOR THE DISTEM-PER IN DOGS.

POUDRE DE BLAINE POUR LA MALADIE DES CHIENS.

La base de cette poudre est l'or muscif (ou sulfure d'étain). On dit qu'elle est plus efficace que le métal lui-même pour le tœnia des chiens.

BOERHAVE'S RED PILLS.

PILULES ROUGES DE BOERHAVE.

La base de ces pilules est le cinabre ou sulfure de mercure.

BRODUM'S NERVOUS CORDIAL.

LIQUEUR CORDIAL DE BRODUM.

℞ Teinture de gentiane , de cardamome, de quinquina , de colombo , esprit de lavande composé., et du vin martial ou ferré , $\bar{a}\bar{a}$ ℥ iv.

Mêlez selon l'art.

CÉPHALIC SNUFF.

TABAC CÉPHALIQUE.

La base de ce tabac est l'asarum en poudre, mêlé avec d'autres poudres végétales, telles que celles de feuilles de marjolaine, de bétoine, muguet a~a parties égales.

Ce tabac est la poudre sternutatoire ou d'asarum composée du codex de Paris.

CHAMBERLAIN'S RESTORATIVE PILLS FOR SCROFULA.

PILULES FORTIFIANTES DE CHAMBERLAIN, POUR LES SCROFULES.

Ces pilules sont composées de cinnabre, soufre, sulfate de chaux, et un peu de matière végétale, peut-être de la gomme.

Faites, selon l'art, des pilules de trois grains.

CHAMOMILE DROPS.

GOUTTES DE CAMOMILLE.

℞ Esprit de vin rectifié. . . . . ℔j.
Huile essentielle de camom. ℥j.
Faites selon l'art.

CHARCOAL CONCENTRATED SOLUTION OF.

SOLUTION CONCENTRÉE DE CHARBON.

Cette solution est de la teinture de ca chou , à laquelle on a donné impropremen le nom de solution de charbon.

CHELSEA PENSIONER.

Cette préparation a été inventée par un pensionnaire de l'hôpital de Chelsea.

(connue sous le nom : CHELSEA PENSIONER).

℞ Gomme gaïac. . . . . ℨj.

Rhubarbe pulv. . . . . ℨij.

Crême de tartre. . . ; . . . . ℥j.

Fleur de soufre. . . . . ℥ij.

Noix muscade. . . . . nᵉj.

Miel. . . . . ℔j.

Employée contre les rhumatismes.
Dose : deux cuillerées matin et soir.

CHELTENHAM SALTS.

SEL DE CHELTENHAM.

℞ Sel de Glauber. . . . .⎱
  Sel d'Epsom. . . . .⎰ aā ℔j.
  Sel de cuisine. . . . . . ,

Séchez dans un four, et faites, selon l'art, une poudre purgative à la dose de six gros, à un once et demie par jour.

CHELTENHAM SALTS, THE ORIGINAL COMBINED.

℞ Sel de Glauber. . . . . .
  Sulfate de magnésie. . . .   aā ℔j.
  Muriate de soude. . . . .
  Sulfate de fer. . . . . 3 ß.

Dissolvez, filtrez, et évaporez à l'étuve.

CHELTENHAM SALTS, THE EFFLORESCENCE OF.

SEL EFFLORESCENT DE CHELTENHAM.

C'est le même sel privé de l'eau de cristallisation.

CHING'S WORM LOZENGES.

PASTILLES DE CHING CONTRE LES VERS.

PASTILLES JAUNES DE CHING CONTRE LES VERS.

℞ Safran. . . . . ℥ iv.
Eau. . . . . 1 pinte.
Faites bouillir et filtrez ; ajoutez :
Calomel. . . . . ℔ j.
Sucre blanc. . . . . ℔ xxviij.
Mucilage de g. ad^te . . . . . q. s.

PASTILLES BRUNES DE CHING CONTRE LES VERS.

℞ Calomel. . . . . ℥ vij.
Extr. jalap. . . . , ... ℔ iij ß .
Sucre blanc. . . . . ℔ ix.
Mucilage. . . . . q. s.
Faites selon l'art.

Chaque pastille contient un demi grain de calomel.

COCHRANE MAJOR HIS COUGH MEDICINE.

MÉDECINE DU MAJOR COCHRANE CONTRE LA TOUX.

♃ Têtes de pavot bl. concassées , q. s.

Faites une décoction ; filtrez, et faites bouillir , en ajoutant du vinaigre et de la cassonade jusqu'à consistance de sirop ; ajoutez quelques gouttes d'élixir de vitriol pour l'acidifier.

COLLEY'S DEPILATORY.

DÉPILATOIRE DE COLLEY.

♃ Chaux vive. . . . . ℥j.
Orpiment. . . . . ℨiij.
Nitrate de pot. (salpêtre). ⎬ aa ℨj.
Soufre. . . . .⎬
Résidu de savon. . . . . . .1/2 pinte.

Faites évaporer en consistance convenable.

CORN PLASTER.

EMPLÂTRE POUR LES CORS AUX PIEDS.

Première formule.

℞ Cire jaune. . . . . ℔ j.
Poix de Bourgogne . . . . . . ℥ xij.
Térébenthine ordinaire. . . ℥ vj.
Vert de gris. . . . . ℥ iij.

Faites fondre selon l'art.

Étendez sur de la toile pour faire un sparadrap.

Deuxième formule.

℞ Cire jaune. . . . . ℥ j.
Résine. . . . . ʒ ij.
Térébenthine. . . . . ⎱
Vitriol bleu. . . . . ⎰ aa ʒ iv.
Arsenic. . . . . ʒ ß.

Troisième formule.

KENNEDY'S CORN PLASTER.

EMPLÂTRE DE KENNEDY CONTRE LES CORS.

℞ Cire jaune. , . , ... ℔ ß.
Térébenthine. . . . . ℥ ij.
Vert de gris. . . . . ℥ ß.

Faites, selon l'art, un sparadrap.

COUGH DROPS.

GOUTTES CONTRE LA TOUX.

La base de ces gouttes est l'opium préparé avec l'esprit de vin rectifié.

COURT PLASTER.

TAFFETAS D'ANGLETERRE.

EMPLATRE ADHÉSIF.

Etendez sur de la soie noire une solution
de colle de poisson.. . . . . $\mathfrak{Z}$ j.
    Esprit de vin. . . . . $\mathfrak{Z}$ xij.
    Teinture benjoin. . . . . . $\mathfrak{Z}$ ij.
Après quatre ou cinq couches
on met deux couches avec une
solution de térébenthine. . . . $\mathfrak{Z}$ iv.
    Teinture benjoin. . . . . . $\mathfrak{Z}$ j.
Quelques personnes finissent par mettre
une couche de baume noir du Pérou.

DINNER PILLS.

Pilulæ ante-cibum.

LADY WRREEROZ CRESPIGNY.

PILULES DE MADAME CRESPIGNY.

℞ Aloës pulvérisé. . . . . ʒ vj.
Mastic. . . . . }
Roses rouges. . . . .} aa ʒ ij.
Sirop d'absinthe. . . . . . q. s.

Mêlez et faites des pilules de quatre grains.

Ces pilules sont très-purgatives.

DIURETIC PILLS.

PILULES DIURETIQUES.

Pilulæ diureticæ.

℞ Racine de scille. . . . . gr. iv.

Feuille digitales. . . . , . . gr. x.

Calomel. . . . . gr. vj.

Myrrhe. . . . . }
Assa fœtida. . . . .} aa Əj.

Ext. gent. . . . . q. s.

Faites, selon l'art, quinze pilules.

DAFFY'S ELIXIR.

ÉLIXIR DE DAFFY.

℞ Séné. . . . . ℥ iv.
Résine de gaïac. . . . , .
Racine d'aunée.. . . . . .
Semences d'anis. . . . . .
Semences de carvi. . . . . aa ʒ ij.
Coriandre. . . . .
Réglisse. . . . .
Raisins. . . , ... ℥ viij.
Esprit de vin. . . . . ℔ vij.

Faites selon l'art.

SWINTON'S DAFFY'S.

ÉLIXIR DAFFY PAR SWINTON.

℞ Jalap. . . . . ℔ iij.
Séné. . . . . ℥ xij.
Coriandre. . . . .
Anis. . . . . aa ʒ iv.
Réglisse. . . . .
Esprit de vin. . . . . . . aa 4 litr.
Eau. . . . .

Faites selon l'art.

18.

DALBY'S CARMINATIVE.

CARMINATIF DE DALBY.

℞ Teinture d'opium...... ℥ iv ß.

Teinture d'assa fœtida... ℥ ij ß,

Ess. carvi.......... Ә iij.

Ess. de menthe........ Ә vj.

Teinture castoréum..... ℥ vj ß.

Esprit de vin......... ℥ vj.

Mettez deux gros dans chaque bouteille avec

Magnésie...,....... ℥ j.

Et remplissez la bouteille avec du sirop simple et un peu d'esprit de vin.

DAVIDSON'S REMEDY FOR CANCER.

REMÈDE DE DAVIDSON CONTRE LES CANCERS.

Ce remède est composé d'arsenic et d'hellébore en poudre.

DE LA MOTTE'S GOLDEN DROPS.

GOUTTES D'OR DE LA MOTTE.

ÉLIXIR DE M. LE GÉNÉRAL DE LA MOTTE.

℞ Muriate de fer, ... ℥ iij.

Obtenu en distillant les pyrites ℔ vj avec ℔ xij de sublimé corrosif.

Alcool. . . . . ℥ vj.

Exposé quelque temps aux rayons du soleil, cet élixir a la propriété remarquable de perdre sa couleur jaune au soleil, et de la retrouver à l'ombre.

Très-employé contre la goutte, l'hypocondrie et les maladies nerveuses.

DELCROIX'S DEPILATORY.

DÉPILATOIRE DE DELCROIX.

℞ Chaux vive. . . . . ℥ j.

Orpiment. . . . . ʒ j.

Poudre végétale. . . . . . q. s.

Mêlez.

NOTA. Si on veut remplacer la poudre végétale par un blanc d'œuf, on aura un onguent dépilatoire.

DIXON'S ANTIBILIOUS PILLS.

PILULES ANTI-BILIEUSES DE DIXON.

℞ Aloës. . . . , ...
Scammonée. . . . . } aā ʒ ij.
Rhubarbe. . . . .
Tartre émétique. . . . . . gr. xij.

Mêlez selon l'art, et faites des pilules de trois grains chacune.

DUTCH DROPS.

GOUTTES ORDINAIRES DE HOLLANDE.

BAUME DE SOUFRE ET DE TÉRÉBENTHINE.

Première formule.

℞ Fleur de soufre. . . . . . . ℥ iv,
Huile ess. de térébenthine. ℥ viij.
Dissolvez selon l'art.
Diurétique , détergent.

Deuxième formule.

℞ Baume de soufre. . . . . . ℥ iv.
Huile de térébenthine. . . . . 1 pinte.
Dissolvez selon l'art.

EATON'S STYPTIC.

TEINTURE STIPTIQUE D'ÉATON.

Première formule.

♃ Vitriol vert calciné. . . . . . ℥j.
Esprit de vin. . . . . ℔ij.
Coloré avec un peu d'écorce de chène.

Faites selon l'art.

Deuxième formule.

♃ Noix de galle. . . . . . . } ãã ℥ iv.
Safran de mars. . . . . . }
Esprit de vin. . . . . 4 litres.
Coloré avec l'écorce de chène.

Faites selon l'art.

EAU MÉDICINALE DE HUSSON.

♃ Racine de colchique. . . . ℥ ij.
Coupez en petites tranches ; faites macérer dans du vin d'Espagne quatre onces, et filtrez selon l'art.

ECONOMICAL BREAKFAST POWD R.

POUDRE ÉCONOMIQUE DE HUNTS POUR
DÉJEUNER.

℞ Seigle q. s. ; torréfiez-le dans une poêle de fer, en ajoutant un peu de beurre.
Ce seigle, ainsi torréfié, imite le café.

EDINBURGH ITCH OINTMENT.

ONGUENT D'ÉDIMBOURG CONTRE LA GALLE.

℞ Poix noire. . . . . ℔j.
Lait de soufre. . . . .⎫
Graisse. . . . . . . : . . . .⎬ aa ℔ij.

Mélez selon l'art.

ELIXIR OF LONGEVITY.

ÉLIXIR DE LONGUE VIE.

℞ Aloës soccotrin. . . . . ℥ix.
Racine gentiane. . . . . . . ℥j.
Safran. . . . .⎫
Rhubarbe. . . . .⎪
Agaric blanc. . . . .⎬ aa ℥j.
Cannelle. . . . .⎭
Alcool à vingt-deux degrés. ℔iv.
Sucre candi. . . . . ℥j.

Faites macérer pendant un mois, et filtrez.

ELIXIR OF VITRIOL.

ÉLIXIR DE VITRIOL.

♃ Eau distillée. . . . . ℥ viij.

Ajoutez huile de vitriol (acide sulfurique) q. s. pour donner une acidité agréable, colorez avec la teinture aromatique.

MYNSICHT'S ELIXIR OF VITRIOL.

ÉLIXIR VITRIOLIQUE DE MYNSICHT.

♃ Cannelle. . . . . } aa ℨ iij.
Gérofles. . . . . }

Calamus aromaticus. . . . . ℥j.

Galanga. . . . . ℥j ß.

Sauge. . . . . } aa ℨ ß.
Menthe crépue. . . . , . }

Cubèbe. . . . . } aa ℨ ij.
Noix muscade. . . . . . . }

Aloës. . . . . } aa ℨ j.
Ecorce de citron. . . . . }

Sucre. . . . . ℥ iij.

Esprit de vin. . . . . . . ℔j ß.

Acide sulfurique. . . . . . ℥ ij.

Faites selon l'art.

ESSENCE OF VITRIOL.

OU ÉLIXIR DE VITRIOL.

Même formule que l'élixir de vitriol.

ESSENCE OF BITTER ALMONDS.

ESSENCE D'AMANDES AMÈRES.

℞ Huile essent. d'am. amères. ℔j.
Esprit de vin. . . . . ℔ vij.
Mêlez selon l'art.
Employée par les confiseurs pour faire
de la liqueur de noyau.

ESSENCE OF COFFEE.

ESSENCE DE CAFÉ.

La pulpe de casse anglaise est employée
dans cette préparation ; mais la formule
ne se trouve pas dans l'ouvrage de Paris.

ESSENCE OF COLTSFOOT.

ESSENCE DE TUSSILLAGE (OU PAS-D'ANE).

♃ Teinture de baume de tolu.)
   Teinture balsamique. . . } a͡a ℥ ij.
   Teinture de benjoin comp.)
   Esprit de vin faible. . . . . ℥ iv.

Mêlez selon l'art.

Cette essence est employée dans les catarrhes et les affections pulmonaires.

WHITEHEAD'S ESSENCE OF MUSTARD.

ESSENCE DE MOUTARDE DE WHITEHEAD.

♃ Huile de térébenthine. . .
   Esprit de romarin. . . . . } a͡a ℥ iv.
   Camphre. . . . .)
   Ajoutez farine de moutarde. ℥ ij.

Mêlez et filtrez selon l'art.

ESSENCE OF PEPPERMINT.

ESSENCE DE MENTHE POIVRÉE.

24 Esprit de vin. . . . . 1 pinte.
Sous-carbou. de soude. . . $\frac{z}{5}$j.

Faites dissoudre, et ajoutez huile de menthe poivrée 1/2 once.

Mêlez selon l'art, et colorez avec des feuilles d'épinards.

SELWAY'S ESSENCE OF SENNA.

ESSENCE DE SÉNÉ DE SELVAY.

C'est une infusion concentrée de séné combinée avec un alcali (sous-carbonate de soude).

ESSENCE OF SPRUCE, SPRUCE BEER.

ESSENCE DE BIERRE SPRUCE.

Cette essence est faite avec les branches de sapin de l'Ecosse, que l'on fait fermenter avec de la mélasse, pour faire la bierre connue sous le nom de Spruce-Beer.

On emploie cette essence au lieu de houblon pour la préparation de la bierre.

Elle est tonique, stimulante, etc.

ESSENTIAL SALT OF LEMONS.

SEL ESSENTIEL DE CITRONS.

♃ Crême de tartre. . . . . ℥ iv.

Sel d'oseille. . . . . ℥ viij.

Mêlez selon l'art.

Ce sel est employé pour ôter la rouille de dessus le linge.

EVERLASTING PILLS.

PILULES IMMORTELLES.

Ces pilules sont composées d'aloës, jalap, et une petite proportion d'émétique.

FORD'S LAUDANUM.

LAUDANUM DE FORD.

♃ Opium. . . . . ℥ j.

Cannelle. . . . .⎱ aã ℨ j.
Gérofles. . . . .⎰

Esprit de vin. . . . .⎱ aã ℥ viij.
Eau. . . . .⎰

Faites macérer pendant trois semaines, et filtrez.

19

FOTHERGILL'S PILLS.

PILULES DE FOTHERGILL.

Ces pilules sont composées :

D'aloës.

Scammonée. . . . .

Coloquinthe. . . . . $\}$ aa $\mathfrak{Z}$ j

Antimoine diaphorétique. . Əj.

Faites, selon l'art, une masse pilulaire que vous diviserez en pilules de deux grains.

FREEMAN'S BATHING SPIRITS.

ESPRIT DE FREEMAN POUR BAIN.

24 Liniment de savon composé, coloré avec l'élixir de Daffy.

Nota. L'esprit de Jackson ne diffère de celui-ci que par l'addition des huiles essentielles.

SPIRIT OF HARTSHORN.

ESPRIT DE CORNE DE CERF.

On obtient ce produit par la distillation, et quand il est rectifié, il est agréable.

FRIAR'S BALSAM.

BAUME DE FRIAR.

GOUTTES DE JÉSUIT, etc. etc.

Ces préparations ne sont autres que la teinture de benjoin composée.

℞ Benjoin. . . . . $\tilde{3}$ iij.
Storax liquide. . . . . $\tilde{3}$ ij.
Baume de tolu. . . . . . . $\tilde{3}$ j.
Aloës. . . . . $\tilde{3}$ ß.
Esprit de vin rectifié. . . . ℔ ij.
Faites selon l'art.

19.

FUMIGATING PASTILLES.

PASTILLES ODORIFÉRANTES.

℞ Benjoin. . . . . ℥ ij.
Cascarille. . . . . ℨj.
Myrrhe. . . . . ℨ ß.
Huile de musc. et de gérofle. g^{ttes} xv.
Sel de nitre. . . . . ℨj.
Charbon de bois. . . . . ℥j ß.
Mucilage. . . . . q. s.
Faites selon l'art.

FUMIGATING POWDER.

℞ Oliban. . . . .⎫
Benjoin. . . . .⎬ aa ℥j.
Cascarille. . . . . ℥ ß.
Pulvérisez ces trois substances, et mêlez-
les ensemble.

GODBOLD'S VEGETABLE BALSAM.

BAUME VÉGÉTAL DE GODBOLD.

Il entre dans ce médicament patenté quarante-deux substances végétales différentes, qui doivent être distillées séparément, pour en extraire la partie active que l'on doit conserver sous forme de sirop, pour être mêlée ensuite avec les substances suivantes ; savoir :

Gomme dragon, gomme gaïac, gomme arabique et du Canada, vinaigre distillé et storax préalablement dissout dans de l'esprit de vin, avec de l'huile essentielle de cannelle.

Nota. Il paraît que parmi les différentes substances végétales qui ne se trouvent pas toutes décrites ci-dessus, il entre en outre des baies qui fournissent par la distillation une certaine quantité d'acide prussique, ou *hydrocianique*.

Enfin, il paraît que ce médicament patenté n'a pas plus de vertu que l'oxymel simple ou l'oxymel scillitique.

GODFREY'S CORDIAL.

CORDIAL DE GODFREY.

℞ Thériaque. . . . . }
Gingembre. . . . . } aa ℥ ij.
Esprit de vin. . . . . 3 pintes.
Huile de sassafras. . . . . . ℥ vj.
Eau. . . . . 12 litres.
Mélasse.. . . . . ℔ xiv.
Teinture d'opium. . . . . . 4 pintes.

Faites selon l'art.

GODFREY'S SMELLING SALTS.

SEL VOLATIL POUR SENTIR, DE GODFREY.

Ce sel est obtenu par le même procédé que l'esprit de corne de cerf, et il est purifié par un mélange d'un huitième de chaux sublimé à une douce chaleur.

Nota. On emploie le sous-carbonate d'ammoniaque qu'on aromatise avec l'essence volatile.

℞ Essence volatile. . . . . . }
Ammoniaque. . . . . . . } ℥ j.

Essence de gérofles. . . .
Cannelle. . . . . } aa 3 ß.
Lavande. . . . . (
Romarin. . . . . (

Mêlez selon l'art.

GOLDEN DROPS.

GOUTTES D'OR.

BESTUCHEFF'S NERVOUS TINCTURE.

Voir la formule décrite sous le nom de De La Motte's golden drops :
Gouttes du général de La Motte.

GOLDEN OINTMENT.

SINGLETON'S EYE SALVE OR GOLDEN OINTMENT.

ONGUENT DE SINGLETON.

♃ Sulfure d'arsénic (orpiment) ⎱ aā q. s.
Axonge. . . . .⎰

Faites selon l'art.

On ne trouve pas les proportions dans les pharmacologies de Paris ni de Gray.

GOLDEN SPIRITS OF SCURVY GRASS.

ESPRIT D'HERBES ANTI-SCORBUTIQUES.

℞ Feuil. de cochléaria cultiv. ⎫
Feuilles idem ordinaires. . ⎭ aa ℔ vj.

Exprimez le jus et ajoutez :

Suc de beccabunga. . . . ⎫ aa ℔ j ß.
Suc de cresson. . . . . . ⎭

Racine de bardane. . . . . ℔ ij.

Racine d'arum.. . . . . . . ℥ vj.

Ecorce de winter. . . . . ⎫ aa ℥ iv.
Noix muscade. . . . . . . ⎭

Esprit de vin. . . . . ℔ iv.

Distillez ℔ iv de produit.

GOUT TINCTURE WILSON'S.

TEINTURE DE WILSON POUR LA GOUTTE.

Cette teinture est seulement une infusion de colchique , comme le docteur Williams l'a clairement démontré. Depuis la découverte du colchique , on l'a administré sous diverses formes qui composent plusieurs médicamens empyriques. Le jus exprimé est employé en Alsace pour détruire les poux. Il est corrosif.

GOWLAND'S LOTION.

LOTION DE GOWLAND.

℞ Amandes amères. . . . . . . ℥ j.
Sucre. . . . . ℥ ij.
Eau distillée. . . . . ℔ ij.

Pilez ensemble le sucre et les amandes;
passez ou filtrez ce lait d'amandes ; ajoutez sublimé corrosif ℈ ij dissout dans esprit
de vin ʒ ij , et faites selon l'art.

Usage :

Cosmétique pour blanchir le visage.

GREEN'S DROPS.

GOUTTES DE GREEN.

La base de ces gouttes est aussi du sublimé corrosif.

GREENOUGH'S TINCTURE OF THE TEETH.

TEINTURE DE GREENOUGH POUR LES DENTS.

2⌊ Amandes amères . . . . ℥ ij.
Bois de Brésil. . . . . ⎫
Bourgeons de casse. . . . ⎬ aa ℥ ß.
Iris de Florence. . . . . ʒ ij.
Cochenille . . . . ⎫
Sel d'oseille. . . . . ⎬ aa ʒj.
Alun. . . . . ⎭
Esprit de vin. . . . . 2 pintes.
Esprit de cochléaria. . . . ʒ iv.
Mêlez et faites selon l'art.

GRINDLE'S COUGH DROPS.

GOUTTES POUR LA TOUX, DE GRINDLE.

La base de ces gouttes est l'opium préparé avec l'esprit de vin rectifié.

FORMULE DE GRAY, sous le titre de gouttes anodines.

2⌊ Acétate de morphine.. . . . . gr. xvj.
Acide acétique. . . . . gttes iij.
Esprit de vin.. . . . . ʒj.
Eau. . . . . ℥j,

Faites dissoudre l'acétate de morphine, et mêlez selon l'art.

La dose est de vj à xxiv gouttes.

QUESTIONAN EMBROCATION FOR THE RHEUMATISM.

EMBROCATION DE QUESTIONAN POUR LES RHUMATISMES.

2C Huile de térébenthine. . .⎱ aa ℥j ß .
Huile d'olive. . . . . . .⎰

Alcool sulfurique. . . . . . 3 iij.

Mêlez selon l'art.

HANNAY'S LOTION.

LOTION DE HANNAY.

LOTION ANTI-VÉNÉRIENNE.

C'est une solution de potasse caustique dans l'eau.

HATFIELD'S TINCTURE.

TEINTURE DE HATFIELD.

2C Gaïac. . . . .⎱ aa 3 ij.
Savon. . . . .⎰

Esprit de vin. . . . . . . ℥ ij.

Faites selon l'art.

MAGNESIA.

MAGNÉSIE.

℞ Epsom salts ou sulfate de
magnésie. . . . . ℔ 56.

Dissolvez dans l'eau, et mêlez avec
sous-carbonate de soude q. s.; lavez à
l'eau de roses, et filtrez.

Le résidu qui reste sur le filtre est le
sous-carbonate de magnésie.

HENRY'S CALCINED MAGNESIA.

MAGNÉSIE CALCINÉE DE HENRY.

℞ Carbonate de magnésie; faites-le calciner dans un creuset pendant deux
heures, jusqu'à ce qu'il n'y ait plus
environ que la moitié de la magnésie
employée.

HILL'S ESSENCE OF BARDANA.

ESSENCE DE BARDANE DE HILL.

℞ Gomme gaïac. . . . . ℥j.
Esprit de vin. . . . . |
Eau . . . . | aa ℥ij.

Faites dissoudre selon l'art.

HONEY WATER.

EAU DE MIEL.

♃ Miel. . . . . ℔ iv.

Sable. . . . . ℔ ij.

Eau. . . . . ℔ xxx.

Distillez, et vous obtiendrez une eau légèrement acide.

Elle est employée pour les cheveux.

Nota. On vend une eau sous ce nom, qui est un mélange d'essence de bergamothe et d'essence de néroli et d'eau colorée avec du safran, à laquelle on ajoute un peu de miel.

♃ Eau distillée. . . . . ℔ ij.

Miel. . . . . ℥ j.

Ess. de bergamothe. . . . . ℨ ß.

Ess. de néroli. . . . . . ⎱
Teinture d'ambre. . . ⎰ āā g^{ttes} xij.

Teinture de safran.. . . . . . ℔ j.

Mélez selon l'art, et filtrez.

HOOPER'S PILLS.

PILULES DE HOOPER.

Première formule.

℞ Vitriol vert. . . . . }
Eau. . . . . } aa ℥ viij.

Dissolvez et ajoutez :

Aloës. . . . . ℔ ij.

Cannelle blanche. . . . . ℥ vj.

Myrrhe. . . . . ℥ ij.

Opoponax. . . . . ℨ iv.

Mêlez selon l'art , et faites des pilules de quatre grains.

Deuxième formule.

℞ Sel de mars. . . . . ℥ ij.

Aloës. . . . . }
Cannelle. . . . . } aa ℔ j.

Mucil. de gomme adragant.

Teinture d'aloës. . . . . . . q. s.

Faites des pilules de quatre grains.

HORSE PURGING BALLS.

℞ Aloës barbadous. . . . . . . ℔j.
Gomme-gutte. . . . . ℨij.
Savon. . . . . ℥iv.
Huile d'anis. . . . . ℥ß.

Faites, selon l'art, une masse homogène, que vous diviserez en bols.

HUDSON'S PRESERVATIVE FOR THE TEETH.

PRÉSERVATIF DE HUDSON POUR LES DENTS ET LES GENCIVES.

℞ Teinture de myrrhe. . . .⎱
Teinture de quinquina.⎰ aˉa part. ég.
Eau de cannelle. . . .⎰

Auxquelles on ajonte eau d'arquebusade (eau vulnéraire rouge), et gomme arabique.

HUILE ANTIQUE.

℞ Huile de benh. . . . . . . ℔j.

Aromatisez avec l'essence de Portugal ou de cédrat Əij, ess. d'ambre gttes xij.

Mêlez selon l'art.

20.

HUNGARY WATER.

EAU DE LA REINE DE HONGRIE.

℞ Fleur de romarin. . . . . . . ℔ ij.

Esprit de vin. . . . . ℔ iij.

Distillez au bain-marie selon l'art.

IPECACUANHA LOZENGES.

PASTILLES D'IPÉCACUANHA.

℞ Ipécacuanha. . . . . ℨ iv.

Sucre. . . . . ℔ ij.

Mucil. de gomme adragant. q. s.

Chaque pastille d'ipécacuanha contient demi-grain d'ipécacuanha.

Dr JAMES'S POWDER.

POUDRE DE JAMES.

℞ Antimoine commun. . . . . . ℔ j.

Corne de cerf. . . . . ℔ ij.

Faites calciner dans un creuset recouvert d'un autre ; chauffez jusqu'au rouge pendant deux heures , et réduisez en poudre fine.

JAMES'S ANALEPTIC PILLS.

PILULES ANALEPTIQUES DE JAMES.

Première formule.

♃ Pilules de rufus. . . . . . . ℔j.

Antimoine calciné et lavé
(ou poudre antimoniale) ⎱ aã ℔ ß .
Résine de gaïac. . . . . . ⎰

Teinture de castoréum. . . ℥j.

Faites, selon l'art. une masse pilulaire,
et divisez en pilules de trois grains.

Deuxième formule.

♃ Pilules de rufus. . . . . . ℈j.

Poudre antimoniale. . . . ⎱ aã ℈j.
Résine de gaïac. . . . . . ⎰

Ajoutez teinture de castoréum gttes iv.

Faites, selon l'art, vingt pilules.

JESUIT'S DROPS.

GOUTTES DE JESUITS.

BAUME POLYCRESTE. — ÉLIXIR ANTI- ÉNERIEN.

℞ Résine de gaïac. . . . . ℥ vij.
Racine de sassafras. . . . . ℥ v.
Baume du Pérou. . . . . . . ℥ ß.
Esprit de vin. . . . . ℔ ij ß.
Faites, selon l'art, un élixir.

JACKSON'S BATHING SPIRITS.

LOTION POUR BAIN DE JACKSON.

℞ Liniment de savon composé, coloré avec l'élixir de Daffy, auquel on ajoute des huiles essentielles.

KEYSER'S PILLS.

PILULES DE KEYSER (ANTI-VÉNÉRIENNES).

Ces pilules sont composées d'un sel mercuriel trituré avec de la manne.

LARDNER'S PREPARED CHARCOAL.

CHARBON PRÉPARÉ DE LARDNER.

♃ Carbonate de chaux (craie.en poudre
fine ; charbon en poudre ou noir d'ivoire,
parties égales.
Calcinez ce mélange selon l'art.

LYNCH'S EMBROCATIONS.

EMBROCATIONS DE LINCH.

♃ Huile d'olive. . . . . ℔j.
   Essence de bergamothe. . . ℨ ij.
Et autres essences colorées avec la ra-
cine d'orcanette.

MADDENS'S VEGETABLE ESSENCE.

ESSENCE VÉGÉTALE DE MADDEN.

C'est une infusion de roses composée,
à laquelle on ajoute un peu d'acide.

MAGNESIAN CHELTENHAM SALTS.

SEL DE MAGNÉSIE DE CHELTENHAM.

Ce sel est composé de sel d'epsom, de magnésie, de muriate de magnésie ou de muriate de soude, le tout réduit en poudre.

MARSDEN'S ANTISCORBUTIC DROPS.

GOUTTES ANTI-SCORBUTIQUES DE MARSDEN.

C'est une solution de sublimé corrosif dans une infusion de gentiane, qu'on administre par gouttes.

Les proportions ne se trouve ni dans *Paris* ni *Gray*.

MARSEILLES VINEGAR.

VINAIGRE DE MARSEILLE.

VINAIGRE DES QUATRE VOLEURS (du codex franç.)

24 Absinthe (grande). . . . . ⎫
   Absinthe (petite). , . . . ⎪
   Romarin. . . . . ⎪
   Sauge. . . . . ⎬ aᵃ ʒ ij..
   Menthe crépue. . . . . . ⎪
   Rue des jardins. . . . . . ⎪
   Fleurs lavande. . . . . . ⎭

Ail. , ... ʒ ij.

Gérofles. . . . . ʒ ij.

Ecorce de cannelle. . . . . ʒ ij.

Vinaigre rouge. . . . . . . ℔ viij.

Camphre dissout dans l'alc. ʒ ß.

Faites macérer quinze jours , et filtrez.

MARSHALL'S CERATE.

CERAT DE MARSHALL.

℞ Huile de laurier. . . . . . . $\tilde{3}$ v.
Calomel. . . . . $\tilde{3}$ j,
Acétate de plomb. . . . . . $\tilde{3}$ ß.
Nitrate de mercure. . . . . $\tilde{3}$ ij.
Mêlez selon l'art.

MATTHEW'S PILLS.

PILULES DE MATTHEW.

℞ Extr. d'opium. . . . . ⎫
— d'ellébore noir. . . . . ⎪
— de réglisse. . . . . . ⎬ aa $\tilde{3}$ iv.
Savon. . . . . ⎪
Tartre. . . . . ⎭
Crocus anglais. . . . . $\tilde{3}$ viij.
Sirop de safran. . . . . . ⎫ aa q. s.
Essence térébenthine.. . . ⎭

Faites une masse pilulaire que vous diviserez en pilules de trois grains.

MATTHEW'S INJECTION.

INJECTION DE MATTHEW.

C'est une solution de teinture de cantharides dans l'eau.

MOCK ARRACK.

ARACK ARTIFICIEL, OU PUNCH ARTIFICIEL.

On fait cet arack en ajoutant deux scrupules d'acide benzoïque à chaque bouteille de rhum, et q. s. de sucre pour faire un punch.

MOSELEY'S PILLS.

PILULES DE MOSELEY.

Les pilules stomachiques qui sont vendues sous ce nom, sont composées seulement de rhubarbe, gingembre et sirop, q. s. pour des pilules de trois grains.

NORRIS'S DROPS.

GOUTTES DE NORRIS.

℞ Emétique dissout dans l'esprit de vin,
et coloré par une matière végétale.

NORTON'S DROPS.

GOUTTES DE NORTON.

C'est une solution de sublimé corrosif
colorée.

MADAME NOUFFLEUR'S VERMIFUGE.

VERMIFUGE DE MADAME NOUFFLEUR.

℞ Racine de fougère mâle pulvér. ℥ iij.

Délayez dans demi-verre d'eau, c'est
la quantité pour une dose, et deux heures
après on prend une pilule composée avec
calomel, scammonée et gomme-gutte,
aā gr. j. pour faire une pilule.

OPODELDOC STEER'S.

OPODELDOC DE STEER.

℞ Savon d'Espagne. . . . . ℔ ij.
Esprit de vin. . . . . 12 litres.
Camphre. . . . . ℥ ix.
Huile de romarin. . . . . . ℥ iij.
Huile d'origan. . . . . ℥ vj.
Ammoniaque. . . . . ℔ ij.

Mêlez selon l'art.

OXLEY'S ESSENCE OF JAMAICA GINGER.

ESSENCE DE GINGEMBRE DE LA JAMAIQUE D'OXLEY. (Essence de gingembre.)

℞ Gingembre pulvérisé . . . . ℥ iij.
Ecorce de citron. . . . . . ℥ j.
Eaù-de-vie. . . . . 2 pintes.

Laissez macérer pendant dix jours dans l'esprit de vin rectifié , et filtrez selon l'art.

PASTILLES ODORANTES.

Le benjoin est la base de ces pastilles.

2l Benjoin . . . . 3j.

Cascarille. . . . . 3 ß .

Myrrhe. . . . . 9j.

Noix muscade. . . . . |
Huile de gérofle. . . . . | aa gr. xv.

Nitrate potasse. . . . . . 3 ß .

Charbon. . . . . 3 vj.

Mucil. de gomme adrag. q. s.

Faites selon l'art.

PEARSON'S SOLUTION.

SOLUTION DE PEARSON.

2l Arseniate de potasse pur. . gr. j.

Eau distillée. . . . . ℥j.

Faites dissoudre selon l'art.

Dose : g^{ttes} xij à g^{ttes} xxiv dans une
boisson appropriée.

PATE ARSENICAL.

PATE ARSÉNICALE.

Cette pâte est composée de :
Cinnabre. . . . . 70 parties.
Sang-dragon. . . . . . . 22 parties.
Oxide blanc d'arsenic. . . 8 parties.
Mélez selon l'art.

On humecte avec un peu d'eau au moment de s'en servir.

Nota. Cette combinaison est semblable à celle recommandée par le père Cosme, connue sous le nom de *pulvis anti-carcinomatosa*, excepté les cendres produites de semelles de vieux souliers, qui n'entrent pas dans sa composition.

POUDRE ANTI-CARCINOMATEUSE DU F. COSME.

℞ Sulfure rouge de mercure. . ℨ ij.
Oxide blanc d'arsénic. . . . Ɔ ij.
Sang-dragon. . . . . gr. xiij.
Cendres de vieilles semelles. gr. viij.
Faites une poudre selon l'art.

Imbibez s. q. de cette poudre avec un peu d'eau ; étendez avec un pinceau sur la partie malade , et recouvrez ensuite d'un linge.

21.

PETER'S PILLS.

PILULES DE PÉTER.

℞ Aloës pulvérisé. . . . . . ⎫
Jalap. . . . . ⎬ aa $\overline{3}$ ij.
Scammonée. . . . . ⎪
Gomme-gutte. . . . . . . ⎭

Calomel . . . . ; $\overline{3}$ j.

Faites, selon l'art, des pilules de quatre grains.

PECTORAL BALSAM OF LIQUORICE.

BAUME PECTORAL DE RÉGLISSE.

$\overline{3}$ ij ß de ce baume est affirmée contenir la vertu d'une livre de réglisse ; mais, par l'analyse, il a été démontré qu'il consistait principalement d'élixir parégorique adné d'huile d'anis.

PERMANENT INK.

ENCRE INDÉLÉBILE.

Solution n. 1.

Sous-carbonate de soude. . . $\mathfrak{Z}$ iv.
Gomme arabique. . . . . . $\mathfrak{Z}$ ß.
Eau distillée. . . . . $\mathfrak{Z}$ viij.

Solution n. 2.

24 Nitrate d'argent. . . . . .⎫
Gomme arabique. . . . .⎬ aa $\mathfrak{Z}$ ij.
Eau distillée. . . . . $\mathfrak{Z}$ j.

Faites selon l'art.

PORTLAND POWDER.

POUDRE DE PORTLAND POUR LA GOUTTE.

24 Racines de gentiane. . .⎫
— d'aristoloche. . . . .⎪
— Chamædris. . . . . .⎬ aa part. ég.
— Centaurée. . . . . .⎭

Pulvérisez séparément, et mêlez selon
l'art.

PLUNKETT'S OINTMENT.

POMMADE DE PLUNKETT POUR LES CANCERS.

℞ Oxide blanc d'arsénic. . . . . ℨj.
Fleur de soufre. . . . . . .⎱
Renoncule. . . . . ⎰ aā ℥j.
Assa fœtida. . . . .

Formez une pâte avec le blanc d'œuf, que vous étendrez sur la surface du cancer.

RADCLIFFE'S ELIXIR.

ÉLIXIR DE RADCLIFFE.

℞ Aloës. . . . . ℨ vi.
Cannelle . . . .⎱
Zédoaire. . . . . ⎰ aā ℨ ß.
Rhubarbe . . . . ℨj.
Cochenille. . . . . ℨ ß.
Sirop de nerprun. . . . . . . ℥ ij.
Esprit de vin. . . . . ℥j.
Eau pure. . . . . ℥ v.

Faites selon l'art.

REFINED LIQUORICE.

RÉGLISSE PURIFIÉE.

On obtient ce produit par une évaporation douce d'une solution d'extrait de réglisse, à laquelle on ajoute la moitié de son poids de gomme arabique.

Extrait de réglisse pur. . . ℔j.
Gomme arabique. . . . . . ℔ß.
Eau.. . . . . q. s.

Faites évaporer selon l'art.

REMEDY FOR THE TOOTH ACHE.

REMÈDE POUR LE MAL DE DENTS.

Ce remède est composé d'une solution de camphre dans l'huile de térébenthine.

℞ Huile de térébenthine. . . ℥j.
Camphre. . . . . 3ij.

Mêlez selon l'art.

REMEDIES VARIOUS FOR THE HOOPING COUGH.

PLUSIEURS REMÈDES CONTRE LA TOUX, COQUELUCHE, etc.

Plusieurs remèdes annoncés pour la guérison des coqueluches, sous forme d'opiats, sont composés avec le sulfate de zinc. Le remède, vendu sous le nom d'anti-pertusis, contient ce sel métallique dont il est la base principale.

REYNOLD'S SPECIFIC.

SPÉCIFIQUE DE REYNOLD CONTRE LA GOUTTE.

℞ Vin de Chery. . . . . ℔j.

Oignons de colchique. . . . ℔ ß.

Colorez avec q. s. de sirop de coquelicot, et aromatisez avec un peu de rhum.

RIGA BALSAM.

BAUME DE RIGA.

Le baume de carpathes est extrait des bourgeons de sapin préalablement broyés et macérés pendant un mois dans de l'eau.

ROB ANTI-SYPHILITIQUE , OU SIROP DE SALSE-PAREILLE COMPOSÉ.

Voyez sirop de Cuisinier.

ROCHE'S EMBROCATION FOR THE HOOPING COUGH.

EMBROCATION DE ROCHE POUR LA TOUX ET LA COQUELUCHE.

℞ Huile d'olive. . . . . ℔j.
Huile de gérofle. . . . . . ℥j.
Essence d'ambre. . . . . . ℥ij.
Mélez selon l'art.

ROYAL PREVENTINE.

REMÈDE ROYAL ANTI-VÉNÉRIEN.

Ce profylactique supposé, contre les maladies vénériennes, est une solution d'acétate de plomb.

RUSPINI TINCTURE.

TEINTURE DE RUSPINI POUR LES DENTS.

Cette teinture est composée :

D'iris de Florence. . . . . . . ℔ ß .
Gérofles. . . . . ℥ j.
Esprit de vin. . . . . 2 pintes.
Ambre gris. . . . . ℈ j.
Faites selon l'art.

Employée pour calmer les douleurs de dents.

RYMER'S CARDIAC TINCTURE.

TEINTURE CORDIALE DE RYMER.

C'est une infusion de cardamome, camphre, capsicum, rhubarbe, aloës, castoréum dans de l'esprit de vin, et une petite quantité d'acide sulfurique.
Faites selon l'art.

SCOURING DROPS.

GOUTTES A DÉTACHER.

℞ Ess. térébenthine. . . . . . ⎫
Ess. citrons. . . . . ⎬ aa ℥ iv.

Il faut employer l'huile de citron ré-
cente, ainsi que l'essence de térébenthine,
et distiller ce mélange selon l'art.

SEIDLITZ POWDER.

POUDRE DE SEIDLITZ.

℞ Tartrate de soude. . . . . , ʒ ij.
Bi-carbonate de soude. . . . Э ij.
Mettez dans un papier bleu.

℞ Acide tartrique. . . . . . gr. xxxv.
Dans un papier blanc.
La boîte contient dix paquets de chaque
poudre.

SENNA PREPARED ESSENCE OF.

ESSENCE DE SÉNÉ PRÉPARÉE.

C'est une infusion de séné concentrée,
combinée avec un alcali (soude).

SIROP DE CUISINIER.

℞ Racines de salseparcille. . . ℔ ij.

Fleurs bourache. . . . . . ⎫
Roses blanches. . . . . . . ⎪
Séné mondé. . . . . ⎬ aa ℥ ij.
Semences d'anis. . . . . . ⎭

Miel blanc. . . . . ⎫ aa ℔ ij.
Sucre blanc. . . . . ⎭

Faites cuire, selon l'art, en consistance
d'un sirop épais.

D'abord, faites infuser pendant vingt-
quatre heures la salsepareille, dans à peu
près douze livres d'eau ; faites bouillir
ensuite jusqu'à réduction de moitié ; ajoutez de nouvelle eau sur le résidu de salsepareille, et faites encore deux ou trois
décoctions que vous réunirez, et ferez
évaporer encore jusqu'à réduction de
moitié ; ajoutez ensuite les autres substances, la bourrache, séné, le miel et
le sucre, et faites évaporer ; passez le
sirop, lorsqu'il marquera vingt-huit dé-
grés ; puis, faites-le évaporer de nouveau
jusqu'à trente-trois degrés bouillant.

SMELLOME'S EYE SALVE.

POMMADE POUR LES YEUX , DU Dr SMELLOME.

Cet onguent est préparé avec du vert
de gris en poudre. . . . 5 ß.
Onguent basilicum. . . . . ℥j.
Faites selon l'art.

SMITH'S WATER LAVENDER.

EAU DE LAVANDE DE SMITH.

℞ Huile de lavande. . . . . . ℥ ij.
Essence d'ambre. . . . . . ℥j.
Eau de Cologne. . . . . . 1 pinte.
Esprit de vin. . . . . . . 2 pintes.
Faites selon l'art.

SODAIC POWDERS.

SODA EN POUDRE.

℞ Bi-carbonate de soude pulv. 5 ß .
Mettez dans du papier bleu.

Acide tartrique pulvérisé. . gr. xxiv.
Mettez dans un papier blanc.
Faites douze paquets de chaque , et
mettez dans une boîte.
Prix : 2 fr. 50 c. la boîte.

SOLOMON'S ANTI-IMPETIGINES.

ANTI-DARTREUX DE SOLOMON.

C'est une solution de sublimé corrosif.

SOLOMON'S BALSAM OF GILEAD.

BAUME DE GILEAD DE SOLOMON.

C'est une teinture aromatique, dont l'ingrédient principal est la semence de cardamome et l'eau-de-vie.

NOTA. Quelques personnes prétendent qu'il entre des cantharides dans sa composition.

SPEEDIMAN'S PILLS.

PILULES DE SPEEDIMAN.

℞ Aloës. . . . .)
Myrrhe. . . . .)
Rhubarbe. . . . . ⟩ āā $\overline{3}$ j.
Extr. de camomille. . . .)
Huile de camomille. . . . g^ttes xx.

Mêlez selon l'art, et faites une masse pilulaire que vous diviserez en pilules de quatre grains.

SPILSBURY'S ANTISCORBUTIC DROPS.

GOUTTES ANTI-SCORBUTIQUES DE SPILSBURY.

℞. Sublimé corrosif. . . . . . .⎫
Racine gentiane. . . . . . .⎬ ãã ℥ ij.
Ecorce d'oranges. . . . . .⎭

Antimoine cru. . . . .⎫ ãã ℥ j.
Santal rouge. . . . .⎭

Esprit de vin. . . . . . .⎫ ãã ℥ viij.
Eau. . . . .⎭

Faites, selon l'art, une teinture que vous filtrerez. Employée par gouttes.

SQUIRE'S ELIXIR.

ELIXIR DE SQUIRE.

℞ Opium. . . . . ℥ iv.
Camphre.. . . . . ℥ j.
Teinture serpentaire de Vir-
ginie, ... 1 pinte.
Or muscif. . . . . ℥ vj.
Esprit d'anis. . . . . 8 litres.
Semences de fenouil.. . . . . ℥ ij.
Eau. . . . . 2 pintes.
Cochenille pulvérisée. . . . ℥ j.
Faites macérer quinze jours selon l'art, et filtrez.

STARKEY'S PILLS.

PILULES DE STARKEY.

℞ Extr. d'opium. . . . . $\bar{\mathfrak{z}}$ iv.

Noix muscade. . . . .⎫
Bézoard minéral. . . . . .⎭ aa $\bar{\mathfrak{z}}$ ij.

Safran . . . .⎫
Serpentaire de Virginie. .⎭ aa $\mathfrak{z}$ j.

Savon blanc. . . . . ℔ ß.

Ess. de sassafras et de téréb. $\mathfrak{z}$ ß.

Teinture d'antimoine. . . . $\bar{\mathfrak{z}}$ ij.

Faites, selon l'art, une masse pilulaire.

STARKEY'S SOAP.

SAVON DE STARKEY.

℞ Sous-carbonate de potasse.⎫
Ess. de térébenthine. . . .⎭ aa p. ég.

Triturez ce mélange dans un mortier, jusqu'à ce qu'il ait acquis une consistance convenable; passez sur le porphyre, et conservez dans un vase de faïence.

STERRY'S PLAISTER.

EMPLATRE DE STERRY.

La formule de cet emplâtre ne se trouve pas dans l'ouvrage de Paris.

STEPHENS'S MISTRISS REMEDY FOR THE STONE.

REMÈDE DE MADAME STEPHENS CONTRE LA PIERRE.

Ce remède est composé d'écailles d'œufs et d'écailles de limaçons calcinées, et suffisante quantité de savon pour donner de la consistance pour faire des pilules de quatre grains chacune.

STOREY'S WORM CAKS.

GATEAUX CONTRE LES VERS, DE STOREY.

Première formule.

♃ Calomel et jalap en poudre ; faites des biscuits, et colorez avec cinnabre q. s.

Deuxième formule.

♃ Calomel. . . . . ℈j.
Jalap. . . . . ʒj.
Gingembre. . . . . ℈ij.
Sucre blanc. . . . . ℥j.
Cinnabre . . . . q. s. pour colorer.

Ajoutez sirop simple, et faites des gâteaux.

STOUGHTON'S ELIXIR.

ELIXIR DE STOUGHTON.

C'est une teinture de gentiane avec serpentaire, écorce d'oranges, cardamôme, calamus aromaticus, et quelques substances aromatiques.

Formule.

℞ Racine de gentiane. . . . . ℔ ij ℥ iv

   Racine serpent. de Virginie. ℔ j.

   Ecorce d'orange.. . . . . . . ℔ j ß.

   Calamus aromaticus. . . . . ℥ iv.

   Esprit de vin à 36 d. . . } ā̄ ℔ xxiv
   Eau. . . . . }

Faites, selon l'art, un élixir.

STRUVE'S LOTION HOOPING COUGH.

LOTION DE STRUVE POUR LA COQUELUCHE.

Cette lotion est composée d'émétique. . . . . ʒ j.

   Disscut dans eau.. . . . . . . ℥ ij.

   A laquelle on ajoute teinture de cantharides. . . . . . ℥ j.

      Mêlez selon l'art.

SULPHUR LOZENGES.

PASTILLES DE SOUFRE.

℞ Soufre sublimé. , ... $\overline{3}$ j.

Sucre. . . . . $\overline{3}$ viij.

Mucilage de gomme adrag. q. s.

Employé contre l'asthme et les hémoroïdes.

SWINTON'S DAFFY'S ELIXIR.

℞ Racine de jalap. . . . . ℔ iij.

Follicules de séné. . . . . . . $\overline{3}$ xij.

Semence de coriandre. . . .⎫

Anis. . . . . ⎪

Réglisse. . . . . ⎬ aa $\overline{3}$ iv.

Racine d'aunée. . . . . ⎭

Esprit de vin. . . . .⎫ aa 4 lit.

Eau. . . . .⎭

Faites macérer quinze jours, et filtrez.

TAYLOR'S REMEDY FOR DEAFNESS.

REMÈDE DE TAYLOR POUR LA SURDITÉ.

℞ Huile d'amandes. . . . . . . ℔j.
   Ail. . . . . ℥ij.
   Orcanette. . . . . ℥ß.

Faites infuser et filtrez.

TAYLOR'S RED BOTTLE.

BOUTEILLE ROUGE DE TAYLOR,

ordinairement appelé d^r WITHWORTH.

Le médicament vendu sous ce nom est,
d'après Paris, de l'eau-de-vie colorée avec
la cochenille et aromatisée avec l'huile
d'origan.

TOLU LOZENGES.

PASTILLES DE TOLU.

℞ Sucre. . . . . ℥viij.
   Crême de tartre. . . . . ʒj.
   Amidon. . . . . ℥ij.
   Teinture de baume de tolu. ʒj.
   Mucilage de gomme adrag. q. s.
Faites des pastilles de quinze grains.

TRANSPARENT SOAP.

SAVON TRANSPARENT.

Dissolvez du savon amygdalin dans de l'esprit de vin ; filtrez et distillez l'esprit de vin.

VELNO'S VEGETABLE SYRUP.

SIROP VÉGÉTAL DE VELNO.

On ne connaît pas exactement la formule de ce sirop ; mais la formule suivante s'en rapproche beaucoup.

℞ Racine de bardane. . . . . . ℥ ij.

Racine fraîche de dent de lion. . . . .

Feuilles de menthe verte. } ãa ℥ j.

Séné. . . . .

Coriandre. . . . . } ãa ℨ j ß.

Réglisse. . . . .

Eau. . . . . ℔ j ß.

Sucre blanc. . . . . ℔ ij.

Faites, selon l'art, un sirop auquel on ajoute une petite quantité de dento-chlorure de mercure ij grains par livre de sirop.

VIRGIN'S MILK.

LAIT VIRGINAL.

℞ Teinture de benjoin. . . . . . $\mathfrak{Z}$ ß.
Eau. . . . . ℔j.

Faites selon l'art.

On vend aussi sous ce nom une solution d'acétate de plomb liquide $\mathfrak{Z}$j dissout dans eau de roses. . . . . ℔j.

Mêlez selon l'art.

VINEGAR.

VINAIGRE.

CUCUMBER VINEGAR.

VINAIGRE DE CONCOMBRE.

℞ Concombre. . . . . $\mathfrak{Z}$j ß.
Vinaigre.. . . . . ℔ ij.

Faites macérer quinze jours, et filtrez.

On prépare de la même manière les vinaigres suivans :

CAPSICUM VINEGAR.

VINAIGRE DE CAPSICUM.

———

GARLICK VINEGAR.

VINAIGRE D'AIL.

———

SHALLOT VINEGAR.

VINAIGRE D'ÉCHALOTTE.

———

ONION VINEGAR.

VINAIGRE D'OIGNON.

———

CRESS SEED VINEGAR.

VINAIGRE DE CRESSON.

———

TRUFFLE VINEGAR.

VINAIGRE DE TRUFFE.

SEVILLE ORANGE PEEL VINEGAR.

VINAIGRE D'ÉCORCE D'ORANGE.

GINGER VINEGAR.

VINAIGRE DE GINGEMBRE.

BLACK PEPPER VINEGAR.

VINAIGRE DE POIVRE NOIR.

WHITE PEPPER VINEGAR.

VINAIGRE DE POIVRE BLANC.

CURRIE VINEGAR.

℞ Currie powder. . . . . ʒjß
Vinaigre. . . . . ℔ij.

Faites macérer pendant quinze jours,
et filtrez.

WADE'S DROPS.

BAUME DE FRIARD.

GOUTTES DE WADE.

Baume pour les blessures, baume pour les coupures, ou de commandeur, teinture de benjoin composée.

2 Benjoin. . . . . ℥ iij.

Storax. . . . . ℥ ij.

Baume de tolu. . . . . . . ℥ j.

Aloës soccotrin. . . . . ℥ ß.

Esprit de vin. . . . . ℔ ij.

Faites selon l'art.

WALKER'S JESUIT DROPS.

GOUTTES DE WALKER.

2 Résine de gaïac. . . . . ℥ vij.

Racine de sassafras. . . . . ℥ v.

Baume du Pérou. . . . . . ℥ ß.

Esprit de vin. . . . . ℔ ij ß.

Faites, selon l'art, un élixir.

WARD'S ESSENCE FOR THE HEAD-ACHE.

ESSENCE DE WARD POUR LE MAL DE TÊTE.

℞ Camphre. . . . . ℥ ij.

    Liqueur d'ammoniaque. . . ℨ vj.

    Esprit de lavande. . . . . . 1 pinte.

Mêlez la liqueur d'ammoniaque avec l'esprit de lavande ; distillez au bain-marie, et ajoutez le camphre dans le produit de la distillation.

Nota. C'est le liniment camphré composé.

WARD'S PASTE.

PATE DE WARD, OU CONFECTION DE POIVRE NOIR.

℞ Poivre noir. . . . . } a̅a̅ ℔ j.
   Racine d'aunée . . . . . . }

   Semences de fenouil. . . . . ℔ iij.

   Miel. . . . . } a̅a̅ ℔ ij.
   Sucre blanc. . . . . }

Cette pâte est employée à la dose de gros comme une noisette trois ou quatre fois par jour dans les fistules et les ulcères de l'anus.

WARD'S WHITE DROPS.

GOUTTES BLANCHES DE WARD.

℞ Mercure. . . . . ℥ xij.
Acide nitrique . . . . ℔ ij.
Dissolvez et ajoutez :
Ammoniaque. . . . . ℥ xiv.

Faites évaporer jusqu'à ce qu'il se forme un sel léger ; puis filtrez et dissolvez dans de l'eau de roses ℔ iij ß .

Faites selon l'art.

WARD'S RED DROPS.

GOUTTES ROUGES DE WARD.

C'est une dissolution forte d'antimoine tartarisé dans du vin (ou vin émétique.)

WARD'S SWEATING POWDER.

POUDRE DE WARD POUR FAIRE SUER (OU POUDRE SUDORIFIQUE DE WARD.)

Cette poudre est un mélange d'ellébore et d'opium.

WARNER'S CORDIAL.

LIQUEUR CORDIALE DE WARNER.

℞ Rhubarbe, ... ℥j.
Séné. . . . . ℥ß.
Safran . . . . ʒj.
Réglisse en poudre, ... ℥ß.
Raisins de Corinthe . . . . ℔j.
Eau-de-vie. . . . . ℔iij.

Faites digérer pendant huit jours , et filtrez.

WHITEHEAD'S ESSENCE OF MUSTARD.

ESSENCE DE MOUTARDE DE WHITEHEAD.

℞ Huile de térébenthine. . . .⎫
Esprit de romarin. . . . . ⎬ aa ℥ iv.
Camphre. . . . .⎭
Farine de moutarde. . . . . ℥ ij.
Faites macérer huit jours , et filtrez.

WILSON'S GOUT TINCTURE.

TEINTURE DE WILSON POUR LA GOUTTE.

Voyez la formule décrite page 224.

WORM CAKES.

GATEAUX POUR LES VERS.

℞ Calomel. . . . .⎫
Jalap. . . . . ⎬ aa ʒ j.
Mêlez ces poudres, et faites dix biscuits.

FIN DES MÉDICAMENS PATENTÉS.

23.

[illegible] [illegible]

[illegible] [illegible]

[illegible]

___

[illegible] [illegible]

[illegible] [illegible]

___

[illegible] [illegible]

[illegible] [illegible] [illegible]

[illegible]

SUPPLÉMENT

AU

FORMULAIRE

ANGLAIS,

OU

RECUEIL

*Des formules le plus généralement suivies
en France et à l'étranger.*

Dans ce supplément, je comprends diverses formules de nouveaux médicamens et autres préparations le plus généralement employées en France et à l'étranger, et qu'on ne peut classer parmi les formules de la pharmacopée de Londres ni celles des médicamens patentés.

ALCOOL DE BRUCINE.

(Dr MAGENDIE.)

2 Brucine. . . . . gr. xviij.
Alcool . . . . ℥j.
Faites selon l'art.

Dose g^{ttes} vj à g^{ttes} xx dans des boissons
appropriées.

ALCOOL DE CINCHONINE.

2 Sulfate de cinchonine. . . . gr. xij.
Alcool. . . . . ℥j.
Faites selon l'art.

ALCOOL DE QUININE.

2 Sulfate de quinine. . . . . gr. vj.
Alcool. . . . . ℥j.
Faites selon l'art.

ALCOOL DE STRYCHNINE.

2 Strychnine. . . . . gr. iij.
Alcool. . . . . ℥j.
Faites selon l'art.

Dose g^{ttes} vj à g^{ttes} xxiv dans une potion.

ALCOOL DE VERATRINE.

24 Vératrine. . . . . gr. iv.
Alcool. . . . . ζj.
Faites selon l'art.
Dose g^ttes ij à x g^ttes graduellement.

CHILBLAINS OINTMENT.

ONGUENT POUR LES ENGELURES.

24 Sous-carbonate de plomb. . ζ v.
Acétate de plomb. . . . . ζ j.
Camphre. . . . . ζ vj.
Teinture d'opium. . . . . . . ζ j.
Huile de lin. . . . . ℔ ß.
Axonge. . . . . ℔j.
Faites , selon l'art , un onguent.

CRÉOSOTE.

La créosote est une substance nouvelle retirée d'abord de l'acide pyroligneux; puis, dans tous les goudrons, par M. Reichenbach.

Cette substance est liquide, incolore, transparente, jouissant d'une grande réfrangibilité; son odeur est pénétrante, désagréable, rappelant celle de la viande fumée. Sa saveur est brûlante et très-caustique; sa consistance est celle de l'huile d'amandes douces; sa pesanteur spécifique est de 1,037 sous une pression atmosphérique de 0,72 2mt et à 20 degrés celsius. Elle bout à 203 degrés et n'est pas congelée à un froid de 27 degrés cels. Elle brûle avec une flamme fortement fulgineuse.

Cette substance est employée de deux à quatre gouttes dans une potion.

On l'emploie aussi pour les maux de dents. Pure ou étendue d'eau, on imbibe un peu de coton ou d'amadou de créosote, et on l'introduit dans la dent malade.

ESPRIT DE CRESSON DE PARA.

2⟂ Fleurs de cresson de para. ℥iv.

Esprit de vin à 36 degrés. . ℔j.

Faites infuser au bain-marie pendant huit jours; exprimez fortement, et filtrez.

CURRIE POWDER.

℞ Terra merita. . . . . } aa ℔ ß .
Coriandre . . . .

Poivre. . . . . ℥ v.

Cannelle. . . . . ℥ ß .

Cumin. . . . . ℥ iv.

Capsicum. . . . . ℥ ij ß .

Cardamome. . . . . ℥ j.

Cayenne pepper. . . . . . } aa ℥ j.
Gingembre. . . . .

Pulvérisez chaque substance séparément; puis, mêlez-les ensemble selon l'art.

PASTILLES DIGESTIVES DE D'ARCET.

℞ Bi-carbonate de soude . 5 grammes.

Sucre blanc en poudre. 95 grammes.

Gomme adragant. . . . . } aa q. s.
Eau de fleurs d'orangers. .

Faites, selon l'art, des pastilles.

On peut les préparer à la menthe, à la rose, en faisant le mucilage avec l'une de ces eaux, et y ajoutant une goutte ou deux d'essence.

PASTILLES DE MAGNÉSIE.

℞ Sous-carbonate de magnésie. ℥j.
Sucre blanc. .. . . ℥iv.
Mucilage de gomme adragant. q. s.
Eau de fleurs d'orangers.
Faites, selon l'art, des pastilles.
On prépare de la même manière les pastilles d'yeux d'écrevisses, etc.

POMMADE D'HYDRIODATE DE PO-TASSE.

℞ Hydriodate de potasse. . . ℨß.
Axonge. . . . . ℥j.
Faites, selon l'art, une pommade.
Employée contre les goîtres.

POMMADES HYDRIODATÉES IODU-RÉES

EMPLOYÉES A L'HOPITAL S.-LOUIS.

Pommade n° 1.

℞ Iodure de potassium. 64 grammes.
Iode pur. 8
Axonge. 1000
Faites selon l'art.

N° 2.

℞ Iodure de potassium. 160 grammes.
Iode pur. 22,4
Axonge. 1000
Faites selon l'art.

N° 3.

℞ Iodure potassium. . . 160
Iode pur. 25,6
Axonge. 1000

24

POMMADE D'IODURE DE BARIUM.

℞ Iodure de Barium. . . . . . . gr, iv.
Axonge. . . . . ℥j.
Mêlez selon l'art.

POMMADE AVEC L'IODURE D'ARSENIC.

℞ Iodure d'arsenic. . . . . . . gr. iij.
Axonge. . . . . ℥j.
Mêlez selon l'art.

POMMADE DE PROTO-IODURE DE MERCURE.

℞ Proto-iodure de mercure. . gr. xx.
Axonge. . . . . ℥j ß.
Faites selon l'art.

POMMADE DE DEUTO-IODURE DE MERCURE.

℞ Deuto-iodure. . . . . gr. xx.
Axonge. . . . . ℥j ß.
Mêlez selon l'art.

POMMADE AVEC L'IODURE DE SOUFRE.

2 Iodure de soufre. . . . . . . 3 ß .
Axonge. . . . . $\tilde{3}$j.
Faites selon l'art.

POMMADE AVEC L'IODURE DE ZINC.

2 Iodate de zinc. . . . . 3j.
Axonge. . . . . $\tilde{3}$j.
Mêlez selon l'art.

POMMADE D'HYDROBROMATE DE POTASSE.

2 Axonge pure. . . . . $\tilde{3}$j.
  Hydro-bromate de potasse. . Əj.
  Brome liquide. . . . . . . gr. xij.
Mêlez selon l'art.
Employée à l'extérieur en frictions.

POMMADE AVEC LE BROME.

2|. Hydrobromate de potasse. . 3 ß .
Axonge. . . . . ℥j.
Faites selon l'art.

SIROP DE QUININE.

2|. Sulfate de quinine. . . . . gr. xxxij.
Sirop simple. . . . . ℔j.
Faites selon l'art.

VIN DE QUININE.

2|. Vin de Madère. . . . . . . ℔ ij.
Sulfate de quinine. . . . . gr. xij.
Faites selon l'art.

SIROP DE MORPHINE.

2|. Sirop de sucre. . . . . ℔ ß .
Acétate de morphine.. . . . gr. ij.
Faites selon l'art.

Dose : une cuillerée à café de trois
heures en trois heures, dans un peu d'eau
tiède , jusqu'à ce que le sommeil arrive.

SIROP DE SULFATE DE MORPHINE.

℞ Sulfate de morphine. . . . . . gr. ij.
Sirop de sucre. . . . . ℔ ß.
Faites selon l'art.
La dose est la même que celle du sirop de morphine.

***

SIROP CYANIQUE.

℞ Sirop de sucre. . . . . ℔j.
Acide prussique médicinal. . 3j.
Faites selon l'art.
Ce sirop s'emploie dans les potions pec‑
torales, à la dose de ℈j à 3 iv.

***

SIROP DE POINTES D'ASPERGES.

℞ Suc de pointes d'asp. filtré. ℔j.
Sucre blanc, ... ℥xxx.
Faites un sirop au bain-marie.
Employé contre les palpitations du cœur.
Dose : ℥ ß à ℥j.

SIROP DE THRIDACE.

℞ Thridace. . . . . gr. xxxij.
Sirop simple. . . . . ℔j.
Faites dissoudre la thridace, et ajoutez
au sirop ; puis, passez.

SIROP DE PAVOT BLANC.

℞ Extr. de pavot blanc. . . . gr. xxxij.
Sirop simple. . . . . ℔j.
Faites selon l'art.
Dose : ℨ ß à ℥j.

SIROP DE CODÉINE.

℞ Codéine. . . . . gr. j.
Sirop simple. . . . . ℥j.
Faites selon l'art.
Dose : ℨ ß à ℥j dans une potion.

SOLUTION DE MORPHINE,

OU TEINTURE DE MORPHINE.

Acétate de morphine.. . . . . gr. xvj.
Eau distillée· . . . . ℥j.
Acide acétique. . . . . . . gttes iij.
Alcool. . . . . ℨj.

Faites selon l'art.

Dose de gttes vj à gttes xx dans une potion appropriée.

SOLUTION DE CITRATE DE MORPHINE.

℞ Morphine pure. . . . . . . gr. xvj.
Acide citrique cristallisé. . gr. viij.
Eau distillée. . . . . ℥j.
Teinture de cochenille. . . ℨij.

Faites selon l'art.

Dose de gttes vj à xxiv gttes dans les vingt-quatre heures.

POUDRE HÉMOSTATIQUE

DU Dr BONNAFOUX (de Montpellier.)

℞ Colophone pulv. . . . . ℥ ij.
Gomme arabique. . . . . . ℥ j.
Charbon. . . . . ℥ ß .

Mêlez selon l'art.

REMÈDE CONTRE LES GASTRALGIES , LES NÉ-
VRALGIES FACIALES, etc.,

Par le docteur Hérisson.

℞ Teinture alcoolique de gaïac. . ʒ ij.
——— de jusquiame noire. ʒ j.
Mêlez selon l'art.

Dose : g^{ttes} xxiv à g^{ttes} xxx , et autant le
soir.

On prend ces gouttes dans de l'eau ou
un autre excipient.

Il faut suivre un régime anti-phlogis-
tique. Les douleurs les plus atroces cessent
promptement par l'usage de ces gouttes.

TEINTURE D'IODE.

℞ Iode pur. . . . . ℈ij.

Alcool 35 degrés. . . . . . ℥j.

Faites selon l'art.

Dose de g^{ttes} iv à g^{ttes} x dans de l'eau sucrée ou dans une potion.

SOLUTION ALCOOLIQUE DE DEUTO-IODURE DE MERCURE.

℞ Alcool à 36 deg. de mercure. ℥j ß.

Deuto-iodure de mercure. . gr. xx.

Mêlez selon l'art.

Dose de huit à quinze gouttes dans un verre d'eau distillée, l'eau ordinaire la décomposant facilement.

ÉTHER SULFURIQUE AVEC LE DEUTO-IODURE DE MERCURE.

♃ Éther sulfurique. . . . . . . $\tilde{3}$j ß.
Deuto-iodure . . . . gr. xx.

Mêlez.

Cette préparation , plus active que la solution alcoolique , doit être donnée à doses plus petites.

PILULES DE PROTO-IODURE DE MER-CURE.

♃ Proto-iodure de mercure. . gr. j.
Extr. genièvre. . . . . . . q. s.
Faites , selon l'art , huit pilules.
Dose : deux le matin et deux le soir.
On portéra ensuite la dose à quatre le matin et autant le soir.

PILULES DE DEUTO-IODURE DE MER-CURE.

♃ Deuto-iodure de mercure. . gr. j.
Extrait de genièvre. . . . gr. xij.
Poudre de réglisse. . . . . q. s.
Faites , selon l'art , huit pilules.
Dose : deux le matin et deux le soir.
On augmentera ensuite à quatre le matin et quatre le soir.

POMMADE DU Dr DUPUYTREN ,

pour arrêter la chute des cheveux.

♃ Moële de bœuf colorée et
    aromatisée à la rose. . . . 80 part.
Eau-de-vie vieille.. 17
Acétate de plomb liq.. . . . 2 1/2.
Huile de cannelle. 1/2

Mêlez selon l'art.

Faire enduire tous les soirs le cuir che-
velu avec le bout du doigt, et gros comme
une noisette de cette pommade.

Deuxième formule.

♃ Teinture de cantharides. 10 parties.
Axonge. 90

100

On prépare la teinture de cantharides
de la manière suivante :

♃ Cantharides pulv.. . . . . . ℥j.
Alcool. . . . . ℥j.
Faites macérer quinze jours . et filtrez ;
incorporez à froid la teinture de cantharides dans l'axonge , en triturant dans
un mortier de marbre.

GINGER BEER POWDER.

BIÈRRE DE GINGEMBRE EN POUDRE.

N. 1.

℞ Bi-carbonate de soude. . . ʒ v.

Sucre blanc pulvérisé. . . . ℥ iv ß.

Gingembre pulv.. . . . . . . ʒj.

Mêlez et divisez en douze doses que vous mettrez dans du papier bleu.

N. 2.

Acide tartrique pulv. ʒ vj ß ; divisez en douze. paquets dans du papier blanc. La boîte est composée de douze paquets bleus et douze paquets blancs.

LEMONADE POWDER.

LIMONADE EN POUDRE.

N. 1.

℞ Bi-carbonate de soude. . . ʒ v.

Sucre bl. pulv.. . . . . ℥ iv ß.

Essence de citrons. . . . .g^ttes xxiv.

Mêlez et divisez en douze doses dans du papier bleu.

N. 2.

Acide tartrique pulv. . . ʒ vj.

Divisez en douze paquets dans du papier blanc ; douze paquets dans chaque boîte.

FIN.

INDEX.

DES FORMULES DE LA PHARMACOPÉE DE
LONDRES.

A

C

D

E

M

O

S

T

V

U

Z

FIN.

TABLE DES MATIÈRES

TABLE DES MATIÈRES

ET

TARIF OU PRIX COURANT DES MÉDICAMENS

CONTENUS DANS CET OUVRAGE.

		Livre. fr. c.	Once. fr. c.	Gros. fr. c.	Pag
Antimonial powder.	Poudre antimoniale , le grain.	5			22
Antimony oxyde of.	Oxide d'antimoine.			30	20
—— precipitated sulfuret of.	Sulfure d'antimoine précipité , le grain,	5			21
—— tartarized.	Antimoine tartarisé (émétique), le grain,	5			21
Antipertussis	Antipertussis.				189
Antivenereal drops.	Gouttes anti-vénériennes.				189
Aromatic lozenges of Steel.	Pastilles aromatiques de Steel.		1		190
Aromatic vinegar (Henry).	Vinaigre aromat. (Henry)patenté. flacon.		5		190
Arsenic sublimed oxyde of.	Oxide d'arsenic sublimé.		60		23
B	**B**				
Bayley's itch ointment.	Onguent de Bailey contre la galle.		60		191
Balsam of honey.	Baume de miel.		75		192
—— of horehound.	Baume de marrube.		75		193
—— of life.	Baume de vie.		30		196

		Livre. fr. c.	Once. fr. c.	Gros. fr. c.	Pag
Cephalic snuff.	Tabac céphalique.			20	199
Cerate of calamine.	Cérat de calamine.		40		169
—— of blistering.	Cérat vésicatoire.		60		170
—— of super acetate of lead.	Cérat d'acétate de plomb.		40		170
—— of resine.	Cérat de résine.		30		171
—— of savine.	Cérat de sabine.		40		172
—— simple.	Cérat simple.		30		168
—— of soap.	Cérat de savon.		30		172
—— of spermaceti.	Cérat de blanc de balcine.		40		169
—— compound of lead.	Cérat de plomb composé.		40		171
Chalk prepared.	Craie préparée.		50		17
Chamberlain's restorative pills for scrofula.	Pilules fortifiantes de Chamberlain	la boîte 2			199
Chamomile drops.	Gouttes de camomille.			50	200
Charcoal concentrated solution.	Solution concentrée de charbon.		75		200
Chelsea pensioner.	Chelsea (pensionnaire).		60		200
Cheltenham salts.	Sel de Cheltenham patenté.	flacon. 5			201
Cheltenham salts the original combined.	Sel de Cheltenham patenté.	flacon. 5			204

TABLE DES MATIÈRES

		Livre.		Once.		Gros.		Pag
		fr. c.		fr.	c.	fr.	c.	
Cheltenham salts the effloresence of.	Sel efflorescent de Cheltenham. le flac.			5				201
Ching's worm lozenges.	Ching (pastilles contre les vers). la pièc.				5			202
Cochrane major his cough medicine	Médecine du major Cochrane.				40			203
Colleys's depilatory.	Dépilatoire de Colley.			1				203
Confection aromatic.	Confection aromatique.			1	20			142
—— of almonds.	—— d'amandes.				30			141
—— of cassia.	—— de casse.			1				143
—— dog rose.	—— de roses blanches.			1				144
—— orange peel.	—— d'écorce d'oranges.			1				142
—— opium.	—— d'opium.			1	20			143
—— red rose.	—— de roses rouges.				75			144
—— scammony.	—— de scammonée.			1				145
—— senna.	—— de séné.				75			145
Copper, ammoniated.	Cuivre ammoniacal.							24
Corn plaister.	Emplâtre pour les cors, la boîte	2						204
Cough drops.	Gouttes contre la toux.						40	205
Court plaister	Taffetas d'Angleterre, la pièce.		50					205

		Livre.		Once.		Gros.		Pag
		fr.	c.	fr.	c.	fr.	c.	
Creosote.	Créosote.						,5	274
Crespigny lady (her pills).	Pilules de madame Crespigny.	la boîte		2				206
Currie powder.	Currie powder.			2				275
D	**D**							
Daffy's elixir.	Daffy (élixir de).				30			207
Dalby's carminative.	Carminatif de Dalby , patenté.	le flac.		5				208
Davidson's remedy for cancer.	Remède de Davidson contre les cancers.							208
Darcet's lozenges.	Pastilles digestives de Darcet.				75			275
Decoction compound of aloes.	Décoction d'aloës composée.		75					67
———— of barley.	—— d'orge composée.		75					70
———— mallow.	—— de mauve composée.		75					74
———— sarsaparilla.	—— de salsepareille composée.	1						73
—— of barley.	—— d'orge.		60					69
—— bitter-sweet.	—— de douce-amère.		60					69
—— chinchona bark.	—— de quinquina.	1						68
—— elm bark.	—— d'orme.		50					74

English	Français	Livre fr.	Livre c.	Once fr.	Once c.	Gros fr.	Gros c.	Pag
Elixir of longevity.	Elixir de longue vie.				30			221
Elixir of vitriol.	Elixir de vitriol (ou vitriolique)			1	20		20	243
Essence of vitriol.	Essence ou élixir de vitriol.			1	20		20	214
—— of bitter almonds.	—— d'amandes amères.			8		1	50	214
—— of coffee.	—— de café.							214
—— of coltsfoot.	—— de tussillage.							215
—— of mustard.	—— de moutarde.			1	20			215
—— of peppermint.	—— de menthe poivrée.					1	50	216
—— of senna.	—— de séné							216
—— of Spruce.	—— ou bierre de Spruce.							216
Essential salt of bark.	Sel essentiel de quinquina.					2		194
Essential salt of lemons.	Sel essentiel de citrons.			1	50		30	217
Everlasting pills.	Pilules immortelles.	la boîte		2				217
Extract of aconite.	Extrait d'aconit.						50	75
—— of purified aloes.	—— d'aloës purifié.						30	76
—— of chamomile.	—— de camomille.						60	76
—— of cinchona bark.	—— de quinquina.					1	50	77
—— cinchona resinous.	—— résineux de quinquina.					2		78

F	F	Livre. fr.	Livre. c.	Once. fr.	Once. c.	Gros. fr.	Gros. c.	Pag
Ford's laudanum.	Laudanum de Ford.			3				247
Ford's balsam of horehound.	Baume de marrube de Ford.				40			193
Fothergill's pills.	Pilules de Fothergill.	la boîte		2				218
Freeman's bathing spirits.	Esprit de Freeman pour bain.							218
Friar's balsam.	Baume de Friar.							219
Fumigating pastiles.	Pastilles odoriférantes.			1	50			220

G	G	Livre. fr.	Livre. c.	Once. fr.	Once. c.	Gros. fr.	Gros. c.	Pag
Godbold's vegetable balsam.	Baume végétal de Godbold.							221
Godfrey's cordial.	Cordial de Godfrey.				50			222
Godfrey's smelling salts.	Sel volatile de Godfrey.	le flac.		3				222
Golden drops (de La Motte's).	Goutte d'or de De La Motte.			1				223
Golden ointment (Singleton's)	Onguent de Singleton , patenté ,	le pot.		5				223
Golden spirits of scurvy grass.	Esprit d'herbes anti-scorbutiques,				50			224
Gout tincture Wilson's.	Teinture de Wilson pour la goutte	patent.		le flac.		7		224
Cowland's lotion.	Lotion de Gowland.				75			225

		Livre.		Once.		Gros.		Pag
		fr.	c.	fr.	c.	fr	c.	
Hudson's preservative for the teeth	Préservatif de Hudson.							231
Huile antique.	Huile antique.				75			231
Hungary water.	Eau de la reine de Hongrie.				40			232
I	I							
Infusion compound of catechu.	Infusion de cachou composée.	1						58
—— compound of gentian.	—— de gentiane composée.	1						60
—— compound of orange peel.	—— d'écorce d'oranges composée	1						55
—— of columba.	—— de colombo.	1						57
—— of cascarilla.	—— de cascarille.	1						58
—— of chamomile.	—— de camomille.		75					55
—— of cloves.	—— de clous de gérofle.	1						57
—— of cusparia.	—— d'angusture.		75					59
—— of fox glove.	—— de digitale.		75					60
—— of horseradish.	—— de raifort.		75					56
—— of linseed.	—— de lin.		75					61
—— of peppermint.	—— de menthe poivrée.		75					64

		Livre.		Once.		Gros.		
		fr.	c.	fr.	c.	fr.	c.	Pag
K	**K**							
Keyser's pills.	Pilules de Keyser.	la boîte		2				234
L	**L**							
Lard prepared.	Axonge préparée.				20			158
Lardner's prepared charcoal.	Charbon préparé , de Lardner.			1				235
Lead super acetate of.	Acétate de plomb.				30			36
Lemons , essential salts.	Sel essentiel de citron.			1	5o			217
Lemonade powder.	Limonade en poudre.	la boîte		4				288
Lime.	Chaux.				20			16
Lime , muriate of.	Muriate de chaux.				30			16
Liniment camphor.	Liniment camphré.				50			183
Liniment compound camphor.	Liniment camphré composé.				75			183
Liniment mercurial.	Liniment mercuriel.				60			184
Liniment soap compound.	Liniment de savon composé.				50			184
Lemonade powder.	Limonade en poudre.	la boîte		4				288
Liniment of ammonia , strong.	Liniment d'ammoniaque.				50			182
—— of subcarbonate of ammonia	—— de sous-carbonate d'ammon.				50			182

M	M	Livre. fr.	c.	Once. fr.	c.	Gros. fr.	c.	Pag.
Madden's vegetable essence.	Essence végétale de Madden.							235
Magnesia calcined.	Magnésie calcinée.			3				19
Magnesia carbonate of.	Carbonate de magnésie.							19
Magnesian Cheltenham salts.	Sel de magnésie de Cheltenham.	le flac.		5				236
Magnesia lozenges.	Pastilles de magnésie.				40			230
Marsden's antiscorbutic drops.	Gouttes anti-scorbutiques de Marsden.					1		276
Marseille's vinegar.	Vinaigre de Marseille.							237
Marshall's cerate.	Cérat de Marshall.				60			238
Matthew's pills.	Pilules de Matthew.	la boite		2				238
Matthew's injection.	Injection de Matthew.				30			339
Mercury , gray oxide of.	Oxide de mercure gris.							30
—— nitric oxyde of.	Oxide rouge de mercure.			2			30	30
—— oxy muriate of.	Deuto-chlorure de mercure (sublimé corrosif.)						30	31
—— purified.	Mercure purifié.							34
—— red oxyde of.	Oxide rouge de mercure.						40	30
—— red sulphuret of.	Sulfure de mercure rouge.						20	32

		Livre.		Once.		Gros.		Pag
		fr.	c.	fr.	c.	fr.	c.	
Mucilage of psyllium.	Mucilage de psyllium.							66
N	**N**							
Necklaces anodyne.	Colliers anodins, la pièce.	1 2	50					189
Norris's drops.	Gouttes de Norris, le flacon.							240
Norton's drops.	Gouttes de Norton.							240
Nouffleur's vermifuge.	Vermifuge de M. Nouffleur.							240
O	**O**							
Oil of amber.	Huile de succin.							48
Oil aniseed.	—— d'anis.							42
—— of castor.	—— de ricin.				75			44
—— of almonds.	—— d'amandes.				30			40
—— of amber.	—— d'ambre.							48
—— of carraway.	—— de carvi,							43
—— of chamomile.	—— de camomille.					6		43
—— of juniper.	—— de genièvre.			1	50		30	44
—— of lavender.	—— de lavande.			1			20	44
—— of linseed.	—— de lin.				30			41

		Livre.		Once.		Gros.		Pag
		fr.	c	fr.	c.	fr.	c.	
Ointment with the brome.	—— avec le brôme.			1	50			280
—— of doctor Dupuytren.	—— du docteur Dupuytren.			2				287
—— of elder flower.	—— de fleurs de sureau.				50			178
—— blistering.	——vésicatoire.				60			177
—— mercurial.	—— mercuriel double.				80		20	174
—— mercurial.	—— mercuriel simple.				40		10	175
—— nitric oxyde of mercury.	—— de nitrate de mercure.				40			175
—— of white precipitated mercury.	—— de précipité blanc.			1			20	176
—— of pitch.	—— de poix.				30			178
—— of resin black.	—— de poix résine noire.				30			177
—— of spermaceti.	—— de blanc de baleine.			1				173
Ointment sulphur.	Onguent soufré.				30			179
—— sulphur compound.	—— de soufre composé.				60			179
—— of white hellebore.	—— d'ellébore blanc.				60			180
—— of zinc.	—— de zinc.				50			180
Opodeldoc Steer's.	Opodeldoch de Steer.	le flac.		3				241

28

		Livre.		Once.		Gros.		Pag
		fr.	c.	fr.	c.	fr.	c.	
Pills of sub muriate of mercury.	Pilules de calomel composées.	la boîte		2				156
—— of soap and opium.	Pilules de savon et d'opium.	*idem.*		2				157
—— compound of squill.	Pilules de scille.	*id.*		2				157
—— of protoiodure of mercury.	Pilules de proto-iodure de mercure, la pièce, 5 cent.							286
—— of deutoiodure of mercury.	Pilules de deuto-iodure de mercure, la pièce, 5 cent.							286
Portland powder.	Poudre de Portland.			1				245
Plaster ammoniacum.	Emplâtre de gomme ammoniaque.				.75			161
——ammoniacum with quicksilver	Emplâtre d'ammoniac et de mercure.				75			162
Plaster blistering.	Emplâtre vésicatoire.				60			164
—— compound galbanum.	Emplâtre de galbanum composé.							163
—— compound pitch.	Emplâtre de poix composé.				40			165
—— cumin	Emplâtre de cumin.				60			163
—— of lead.	Emplâtre de plomb.				30			166
—— mercurial.	Emplâtre mercuriel.				50			164
—— of opium.	Emplâtre d'opium.						30	165

		Livre.		Once.		Gros.		Pag
		fr.	c.	f.	c.	fr.	c.	
Powder compound of aloes.	Poudre d'aloës composée.						30	146
—— compound of chalk.	Poudre de craie composée.						60	148
—— comp. of chalk with opium.	—— de craie et d'opium composée						60	149
—— compound of cinnamon.	—— de cannelle composée.						30	147
—— compound of contrayerva.	—— de contrayerva.						20	147
—— compound of ipecacuanha.	—— d'ipécacuanha.						60	149
—— compound of kino.	—— de kino.						30	150
—— compound of scammony.	—— de scammonée.						60	150
—— compound of senna.	—— de séné.						50	151
—— tragacant.	—— de gomme adragant.						30	151

Q

		Livre.		Once.		Gros.		Pag
Quicksilver, with mercury.	Vif-argent. (Voyez mercure.)				40			34

R

		Livre.		Once.		Gros.		Pag
Radcliffe's elixir.	Elixir de Radcliffe.				50			246

		Livre. fr. c.	Once. fr. c.	Gros. fr. c.	Pag
Singleton's eye salve.	Pommade pour les yeux, de Singleton.	le pot	de 2 gr.	5	223
Smellome's eye salve.	Pommade du docteur Smellome.	le pot	de 2 gr.	5	253
Snuff cephalic.	Tabac céphalique.			30	199
Soda carbonate of.	Carbonate de soude.		30		13
Soda, subcarbonate of.	Sous-carbonate de soude.		30		13
—— subcarbonate dried.	Sous-carbonate de soude calciné				14
—— sulphate of.	Sulfate de soude.		30		44
—— tartarized.	Soude tartarisée.		50		42
Sodaic powder.	Poudre de soda.	la boîte	3		253
Solomon's anti impetigines.	Anti-dartreux de Solomon.				254
Solomon's balsam of gilead.	Baume de Solomon.		1		254
Solution of morphine.	Solution de morphine.				283
Solution of citrate of morphine.	Solution de citrate de morphine.				283
Speediman's pills.	Pilules de Speediman.	la boîte	2		254
Spilsbury's antiscorbutic drops.	Gouttes anti-scorbut. de Spilsbury			50	255
Spirit compound of horseradish.	Esprit de raifort composé.		60		94
Spirit compound of juniper.	Esprit de genièvre composé.		40		96

		Livre.		Once.		Gros.		Pag
		fr. c.		fr. c		fr. c.		
Starkey's pills.	Pilules de Starkey.	la boîte	2					265
Starkey's soap.	Savon de Starkey.	la boîte	2					256
Steer's opodeldoc.	Opodeldoch de Steer.	le flac.	3					244
Sterry's plaster.	Emplâtre de Sterry.							256
Stephen's remedy for the stone.	Remède contre la pierre.							257
Storey's worm cakes.	Gâteaux contre les vers, de Storey	la pièce			20			257
Stoughton's elixir.	Elixir de Stoughton.				75			258
Struve's lotion.	Lotion de Struve.				7½			258
Suet prepared.	Graisse préparée.				30			119
Sulphur lozenges.	Pastilles de soufre.				30			259
Sulphur , washed.	Soufre lavé.				30			39
Sulphur precipitated.	Soufre précipité.			1				39
Swinton's Dailey's elixir.	Elixir de Swinton.				3			259
Syrup of bucktorn.	Sirop de nerprun.				30			137
Syrup of ginger.	—— de gingembre.				40			140
—— of lemons.	—— de limons.				30			136
—— of marshmallows.	—— de guimauve.				20			134

		Livre.		Once.		Gros.		Pag
		fr.	c.	fr.	c.	fr.	ç.	
T	**T**							
Taylor's remedy for deafnes.	Remède de Taylor.							260
Taylor's red bottle.	bouteille rouge de Taylor.			1				260
Thompson's cheltenham salts.	Sel de cheltenham de Thompson	patent.		5				201
Tincture compound of aloes.	Teinture d'aloës composée.				30			102
—— compound of benzoin.	—— de benjoin composée.				75			104
—— compound of camphor.	—— de camphre composée.				50			105
—— compound of cardamoms.	—— de cardamome.			1	20			107
—— compound of cinnamon.	—— de cannelle.			1	20			111
—— compound of cinchona.	—— de quinquina.			1	50			110
—— compound of gentian.	—— de gentiane.				75			112
—— compound of rhubarb.	—— de rhubarbe.			1				118
—— of aloes.	—— d'aloës.				30			102
—— of assa-fœtida.	—— d'assa-fœtida.				75			103
—— of black hellebore.	—— d'ellébore noir.				75			114
—— of cantharides,	—— de cantharides.			1				116
—— of columba.	—— de colombo.				75			104

English	Français	Livre. fr. c.	Once. fr. c.	Gros. fr. c.	Pag
Tincture of myrrh.	Teinture de myrrhe.		75		117
—— of opium.	—— d'opium.		2 50	4o	117
—— of orange peel.	—— d'écorce d'orange.		60		103
—— of rhubarb.	—— de rhubarbe.		1	20	118
—— of senna.	—— de séné.		1	20	119
—— of serpentary.	—— de serpentaire.		1	20	129
—— of squills.	—— de scille.		75		119
—— of valerian.	—— de valériane.		75		120
—— of valerian ammoniated.	—— de valériane ammoniacale.		75		121
Tolu lozenges.	Pastilles de tolu.		1		260
Transparent soap.	Savon transparent.	le pain 1			261

V

English	Français	Livre. fr. c.	Once. fr. c.	Gros. fr. c.	Pag
Velno's vegetable syrup.	Sirop végétal de Velno.		1		261
Vinegar of cucumber.	Vinaigre de concombre.				262
Vinegar of meadow saffron.	Vinaigre de colchique.		40		129
Vinegar of squill.	Vinaigre de scille.		40		130
Virgin's milk.	Lait virginal.		30		262

29

English	French	Livre. fr. c.	Once. fr. c.	Gros. fr. c.	Pag
Water rose.	Eau de roses.		20		54
—— spearmint	—— de menthe verte.		20		52
Webster , lady her pills.	Pilules de madame Crespigny.	la boîte	2		206
Whitehead's essence of mustard.	Essence de moutarde , de Whitehead, patenté, 5 fr. le flacon.				215
Wilson's gout tincture.	Teinture de Wilson , patenté , 7 fr. le flacon.				224
Wine of aloes.	Vin d'aloës.		30		126
Wine of ipecacuanha.	—— d'ipécacuanha.		60		127
—— of iron.	—— de fer ou chalibé.		20		29
—— of opium laudanum liquide.	—— d'opium laudanum.		3	50	'27
—— of white hellebore.	—— d'ellébore blanc.		40	15	128
—— of colchicum.	—— de colchique.				128
—— of quinine.	—— de quinine.				280
Worm cakes.	Gâteaux contre les vers.	la pièce	40		269

THE END.

ERRATA.

Page 29, ligne 17, nitrici, *lisez* nitrico hydrargyri.

Page 38, ligne 8, sulphuretum, *lisez* sulphuratum.

Page 47, ligne 4, rorismarini, *lisez* rosmarini.

Page 73, ligne 7, sassafran, *lisez* sassafras.

Page 92, ligne 11, stimulante, *lisez* stimulant.

Page 100, ligne 13, rorismarini, *lisez* rosmarini.

Page 102, ligne 4, tintura, *lisez* tinctura.

Page 108, ligne 4, cascarilla, *lisez* cascarillæ.

Page 134, ligne 14, peinte, *lisez* pinte.

Page 151, ligne 4, senna, *lisez* sennæ.

Page 153, ligne 4, myrrhæ, *lisez* myrrhâ.

Page 198, ligne 11, Boerhave, *lisez* Boerhaave.

Page 198, ligne 15, cordial, *lisez* cordiale.

Page 206, ligne 4, Wrrberoz, *lisez* Webster.

Page 212, ligne 2, powdr, *lisez* powder.

Page 285, ligne 10, alcool à 36 de mercure, *lisez* alcool à 36 deg.

Page 306, ligne 6, esprit d'éther sulfurique, 285, *lisez* 125.

ERRATA.

Page 308, ligne 16, de la la levure, *lisez* de la
  levure.

Page 343, ligne 2, Elixir de longue vie, 221,
  lisez 212.

Page 348, ligne 9, Pastilles d'ipécacuanha, 32,
  lisez 232.

Page 348, ligne 10, Fer ammoniacal, 225, *lisez* 25.

Page 336, ligne 2, Tincture de Capsicum, *lisez*
  Teinture.

Page 337, ligne 14, Vinaigre de cencombre, *lisez*
  concombre.